念佛禪指要

釋繼程

〔自序〕念佛禪指要

念佛無難 信願必堅 一心不亂
禪法至簡 定慧不二 一行三昧
指向自性 本來清淨 直心流露
要度眾生 定慧為體 慈悲為用

序念佛禪指要

癸卯五月十三 太平繼程并題

目錄

修習定慧

破除我見

下篇 禪淨共修要領

上篇

念佛見淨土

念佛動機

今天是禪淨共修的第一天，大家在禪堂裡，念佛、拜佛和止靜。止靜的時候，是不出聲地默念佛號。如果是用唱誦的方式來念佛，方法不會太難，因為有監香法師在一旁引導我們唱誦，很容易專心。大家在拜佛的時候，如果也能跟著唱誦的話，當然是最好的，心比較容易投入於方法當中。

但是在止靜的時候能不能定下心來念佛？那得看自己的工夫到不到家。通常在止靜的時候，有兩種普遍的狀況，不是陷入昏沉打瞌睡，就是陷入掉舉打妄念，此時能否把佛號或念佛的正念提起來，就要看自己下了多少工夫。

持名念佛，方法簡易

早在原始佛教時期，已有所謂的「六念法」——念佛、念法、念僧、念戒、念施、念天。也就是說，在佛陀教導弟子許多種維持正念的方法裡，其中一種就是「念佛」。當然，佛陀時代所教導的念佛，和後世所應用的方法有些不同，甚至有所改變了。

對我們來說，維持正念最簡易的方法，是將「佛的聖號」當作繫念的對象。念佛號的時候，用佛號來維繫正念，讓心安住。不論是繫念佛號的稱名念佛，或是運用其他的念佛方法，比如觀像念佛、觀想念佛、實相念佛，這些方法都可以歸納為「念佛法門」。我們既然已經在學佛，就應該好好地珍惜念佛的機會。

「持名念佛」的方法不但容易學習，而且非常普遍，所有應用這個方法的人，可以說就是「念佛人」。然而，「念佛人」其實也有許多不同的類型，念佛目的大致上可分成幾類：有些人只當作禮儀的稱呼，有些人為了求取世俗利益，有些人為了求平安，有些人為了祈求往生淨土，有些人則為了獲得更好的色身和生活環境等。

許多人雖然已經皈依了三寶，卻沒有真正地了解佛法。正如同在漢傳佛教裡，「阿彌陀佛」的聖號很普遍，很多時候也被當作是一種問候語，但是念佛的人不見得知道佛號的涵義。「阿彌陀佛」為梵語 Amitābha 和 Amitāyus 的音譯，意譯分別為無量光、無量壽，所以阿彌陀佛又稱為無量光佛或無量壽佛。佛教徒以「阿彌陀佛」為問候語，即是互相祝福未來充滿光明希望，生活能幸福長壽，是很吉祥的祝福。

自古以來，漢傳的佛教徒已相沿成習，彼此在見面的時候，都會用一聲「阿彌陀佛」來和對方打招呼。早上見面說「阿彌陀佛」，就是「早安」；下午見面說「阿彌陀佛」，就是「午安」；晚上睡前說「阿彌陀佛」，就是「晚安」；告別時，也習慣用「阿彌陀佛」來道別。甚至，做錯一件事或講錯一句話後說「阿彌陀佛」，意思就是向對方說「對不起」；當別人幫我們做事或贈禮時說聲「阿彌陀佛」，則是表示「謝謝你」。「阿彌陀佛」這一句佛號，不只是問候語，其實已經變成佛教徒慣用的口頭禪了，至於使用的時候是什麼意思，就看當時是處於什麼場合。

如果我們只把佛號當作是禮貌性的招呼、問候，不能算是真正的念佛。如果只是偶爾念一念佛，也並不算是真正地運用念佛法門，除非是將念佛當作自己修行的功課，這樣才算是在修學念佛法門。

念佛功德在於心靈修養

當我們的生活不安定時，會希望生活安定；待生活安定以後，又會出現新的要求，然後開始不斷尋找新的依賴物。學佛的人也可能擺脫不了這樣的循環，例如有些人在念佛的時候，除了祈求平安，還會想再追求一些世俗的利益，像是錢財、名聞利養等。

想要追求世俗的利益，當然也不能說不對，因為大家總希望自己的物質生活能過得好一點。生活如果想要過得好一點，房子就要買大一點，汽車就要買新一點，這些都需要花錢。因此，有些人會希望佛菩薩能讓我們多賺一些錢，實際上，我們應該要知道這只是一種信仰上的祈求，是不是真的能有求必應，其實無法確定。有些人學佛以後，或許真的事業一帆風順，換了豪宅，名車代步；但是也有些人學佛以後，念佛念得很精進，房子卻愈換愈小，汽車愈開愈舊，生活也過得愈來愈不順利，這些情況到底和念佛、學佛有沒有直接的關係呢？

當我們把宗教的祈求，套上世俗利益的時候，可能就會出現這種現象，你才剛開始學佛，事業忽然就順利起來了，讓你覺得學佛有開運的效果。其實那是因為你在工作上，原本就已經籌備了一段時間，只不過之前還沒機會發揮出來而已，剛好在發揮之時，你就學佛了，而以為忽然之間，事業就發達起來了，所以你就覺得學佛對事業成長有好處。又或者有些人身體不好，學佛以後忽然就好轉了。事實上，類似這樣的情況，信仰別的宗教也會出現，不一定只有念佛、拜佛，才會產生這樣的效果。

其實我們學佛、念佛，並不直接和世俗的利益有關聯。我們學佛如果懂得多造善業，善報就會因此現前了。可能之前你就已經累積了不少善業，拜佛以後，更懂得取決善惡，讓自己的行為更為如法，於是善緣很快就具足，善報就會現前了。所以，如果你覺得自己是因拜佛獲得世俗的利益，那其實應該是和你本身造作的善業有關。

我們念佛，當然希望平安了以後，生活能過得好一點；但除了祈求，我們更應當要去了解，用什麼方法才能獲得福報。其實世間種種的福業，都要自己去造作。當我們造了善業以後，只要善的因緣能齊備、成熟，善果自然就會顯現。如果我們學佛、念佛了，祈求更容易產生效果，那是因為我們更懂得怎麼如法地造作善業的緣故，因而使得善報更加圓滿，也更快成熟。

世俗生活的資糧，必須要自己付出代價，才能獲得。只要你付出了代價，所獲得的成果就是屬於你自己的。如果你整天求這個、求那個，卻沒有任何付出，求了一段時間後，你可能覺得：「哎呀！佛菩薩好像都沒有聽到我的祈求！」有些人循著正途卻得不到滿足的時候，就會想祈求那些能直接給予成果的旁門左道了。念佛固然有其功德，但這功德的殊勝之處，並不在世俗的利益上，而是修養心靈，轉無明心為光明心，累積往生淨土的資糧。

誰能陪你走完一生呢？有些夫妻不但約定牽手走完這一生，還相約來世了，甚至覺得三世情緣都不夠，還要生生世世。其實每個人都各自有不同的業報、不同的因緣、不同的輪迴，到了應該分開的時候，都是你走你的路，他走他的路了。不只人如此，事物也是如此。我們出生時是一個人來，死亡時也是一個人走，什麼都帶不走，只有業障和福德會生死相隨。

念佛求生淨土

念佛和淨土結合起來，就是修持淨土法門——念佛以求生淨土。你在學習念佛一段時日後，可能會發現在現實生活中，世間沒有什麼是真正安全的，為什麼呢？

除了身家財產有風險的威脅，讓人覺得沒有安全感，賺錢本身其實就是一件苦惱的事。吃人頭路，要看老闆的臉色；即使是自己當老闆做生意，同樣也要看客人的臉色。當然，也有人的福報很好，不但天天都可以開心地工作，賺的錢也不少。可是錢一旦賺多了，就擔心會被偷，每天絞盡腦汁在想錢該存銀行或買股票、做投資。如果投入股市，股票漲，自己的心就跟著漲；股票跌，心就跟著跌，還是沒有一絲安全可言。最後發現，自己每天都處在飄搖不定的狀態中，過著擔心受怕的日子。

想想還是去淨土比較平安可靠，那就要念佛了。佛經說世界不只一個，十方各有無量無邊的佛土，只要有佛說法的地方都是佛土。只要是有佛說法，而且是佛憑藉著圓滿的智慧與悲願，創立出清淨、完善的世界，這就是「淨土」。那麼該往生到哪個淨土呢？西方淨土是大家比較熟悉的淨土。淨土的物質生活非常好，我們從《阿彌陀經》可以得知，在極樂世界裡，不但有黃金鋪地，還有七寶池、八功德水，是個非常美好的地方。

假如淨土只有物質條件佳的話，去淨土就和上天堂差不多了，可是上天堂要比往生淨土容易多了。然而，淨土除了物質條件的優勝之外，更重要的優勢條件是什麼呢？在淨土裡，有「諸上善人俱會一處」，不管你位在淨土哪一處，遇到的都是善知識。

淨土不只環境條件良好，而且具足各種修行的善緣，一旦往生到淨土，就會自然地念佛。諸位居士大德們在家裡念佛，可能一個月，甚至一年所念的佛號數量，都遠遠不如在淨土念得多。為什麼呢？因為沒有生活瑣事干擾，大家聚會在一起都專心念佛，所以往生到淨土，自然就會精進用功。

我們在娑婆世界聽音樂，聽的都是各式各樣的流行音樂。可是在淨土，你所聽的音聲都是念佛、念法、念僧。淨土播放出來的音樂，都是關於八正道等的修行內容，到處都充滿修行的氛圍。如果你想去淨土修行的話，必須要先發願，才能依願往生。

有些人念佛是追求平安，追求現世利益；還有些人念佛，是為了來生著想。不管你喜不喜歡自己，覺得自己好不好看，即使是容貌出眾的美女，也都要面對人老色衰的無常變化。可是你如果能往生到西方極樂世界，那裡的住眾都是蓮花化生，不是由父精母血所成的肉身，所以沒有生、老、病、死苦。因此，放下了這一生的臭皮囊，往生淨土後，我們將能得到非常莊嚴殊勝的新生。

有些人生於環境險惡的亂世，所以希望能往生極樂世界，從此平安無憂。但是我們只是因為娑婆世界不安全，極樂淨土比較安全，所以才發願來生往生極樂的嗎？

在西方淨土中，為什麼沒有小偷、強盜呢？因為大家都行走在黃金鋪地的大道上，每個人的身上都不需要帶錢，如果真的需要用錢，遍地都是黃金鋪地，隨手抓起一把沙都是金沙，這樣需要搶劫嗎？如果我們的國家很富裕，馬路也用金沙來鋪地，這樣還有誰想要當小偷、做強盜或做壞事呢？

我們都知道極樂世界讓人很有安全感，蓮花化生的身體很莊嚴，但是念佛求往生如果只為了追求這些，這個願望也實在太小了。為什麼淨土會有優渥良好的物質條件和生活環境呢？其實，是為了要滿足我們這些世俗人的期盼。因為從現實世界的生活環境來看，總是有許多不滿之處，所以和淨土世界相比較之下，自然就會產生希求往生淨土的心願。

我們學佛通常都會有一個願望，想要往生到淨土。淨土和我們現在所居住的世界比較，當然會比現在好。如果從世俗角度來看，一般人會認為哪一種物質是最好的呢？金、銀、琉璃、玻璃、硨磲、赤珠、瑪瑙等七寶，這些是物以稀為貴的珍寶。由於我們認為黃金是價值不斐的寶物，所以在我們的理想狀態裡，會認定最好的物質應該就是黃金了。而我們所嚮往的環境，當然要有各種珍寶，以及由珍寶所砌成的樓閣、街道、水池，才會覺得那是很好的地方。

佛菩薩都是心理學家，他們知道眾生喜歡這些美好的事物，所以在建設淨土時，就會運用這些寶物來營造環境，讓我們比較容易生起嚮往之心。

但是，我們念佛如果只是為了享受極樂世界的黃金鋪地與七寶池，這樣的願力一定是不夠力的，因為那只是將世俗的利益投射在淨土而已，如果只是要享受物質生活的話，其實在世俗中也可以得到，可以自己用黃金鋪地改建房子，不需要為此移民到遙遠的西方淨土。

如果真的想要求生淨土的話，我們就不要把自己的理想、目標放得這麼小，只想追求生活享受。「念佛往生淨土」是非常殊勝的修行法門，求生西方極樂世界，只是為了讓自己走在鋪滿黃金的道路上，那就是「本大利小」了——本錢投注得很多，最後的獲益卻很少。總歸一句，求生淨土的目標是正確的，但是不應當只是為了享受美好的環境才來求生淨土。

殊勝的淨土環境

將「念佛的方法」和「淨土的往生觀念」結合在一起，就形成了「淨土法門」，亦即「念佛求生淨土的修行方法」。在華人的區域中，阿彌陀佛的西方極樂世界，可說是最為人所熟知的淨土。淨土法門剛從印度推廣到漢地的時候，並不是只有極樂世界這一個解脫的途徑而已，也可以往生到其他的佛國。既然十方世界都有淨土，為何華人卻大多選擇位在西方的極樂淨土呢？有可能是因人們習慣依循「太陽從東方出來，從西方落下」的規律，而西方就象徵著「從生到死的生命歸處」。

釋迦牟尼佛為了激起大家對淨土的嚮往，並對輪迴生起出離心，所以在經典中描述許多淨土美好、先進的物質文明，並提醒我們娑婆世界有很多汙穢惡境，需要淨化。尤其在現代世界，地球的汙染愈來愈嚴重，汙濁的狀況也愈來愈明顯，當然，這些汙染都是我們人類製造出來的，所以才有許多的環保觀念被陸續提出。相較而言，佛國淨土的環境清淨無染，當然比我們的世界更加殊勝。

我們娑婆世界的大地都是由沙、石、土壤所構成，比較優美的風景是以草地或森林樹木為植被的區域；但是在淨土世界中，到處都遍布著金、銀或其他美麗的珍寶，比如西方極樂世界是黃金為地。然而，我們祈求往生淨土的目的，是為了得到佛國的金銀財寶嗎？如果真能往生到淨土，即便沒有這些金銀財寶，照樣不愁衣食，因為那裡的物質生活非常地先進，不但衣食無缺，居住在那裡的眾生也不需要工作，自然就能維持日常生活所需。

類似於佛國淨土的美好環境，在哪裡還有呢？在天堂（天界）。無論是住在天堂或淨土，兩者的眾生都不需要工作，環境中自然具備日常所需的各種物質。住在天堂，不需要為三餐奔波，只要動個念頭就有食物可吃。生活可以隨念即至，思食得食、思衣得衣，這種狀態可以說是一種理想生活。

除了天堂以外，經典也告訴我們，人間若出現一位統治全世界的轉輪聖王，當他出世的時候，人間屆時也會像天堂一樣美麗、富足——如果我們的人間能轉化為淨土，差不多就是如此。也就是說，當我們的物質文明進化到某種程度時，就可以達到這種理想狀態了。

不必遠提聖王治世的時代，只從我們目前的生活文明，就可以看到理想世界正在現代持續開展。若和過去相比，現在的物質生活的確比傳統社會富裕，任何吃穿用度，都比以前更容易取得。以前的人工作是「日出而作，日落而息」，所賺的錢想要維持一個家庭都不大容易了，若說要有什麼多餘的物質生活享受，就更不可能了。

我們現在的物質生活愈來愈豐富，不但國家富強，很多家庭也很富裕，可以擁有好幾間房子或好幾部汽車，再加上電腦和網路平台的崛起，幾乎想買什麼都有。從農業社會轉入工業社會的現代生活後，人們的工作時間縮短了，但是生產率卻隨著科技進步而增加了，所以大家都變得比較富裕。

古代人看到經典描述的淨土世界物質建設的時候，會覺得：「哇！住在這個地方實在是太好了！」但是一些現代人看起來，可能會覺得那其實只不過是個比較先進的社會而已。因為現代人大多住在比較先進的社會環境，所以也比較容易理解淨土的建設，可是古代人就難以想像一個社會竟然可以富裕到這種程度，可以說貧乏限制了他們的想像力。

雖然佛國淨土的生活確實好過娑婆世界，但在現實生活中，我們只要努力多賺一點錢，還是可以得到很多的物質享受，所以現代人大概不會為了追求這樣的一種物質優渥的環境，而發願往生。

這種情況就好像說，美國是全世界最富裕的國家，只要肯努力就有成功的機會，所以很多人就去美國賺錢淘金，以改善生活環境。但是，我們如果只是為了賺錢，才去像美國這些文明先進的國家，真的很不值得，因為這些先進的國家不只是經濟富裕、物質文明，他們還有很多精神文明，像是人文生活的素質或社會法治的修養，都很值得學習。

如果我們發願往生淨土，只是為了去看看金沙鋪地或七寶池的風光而已，想要順便撈幾把金沙回來，就像是我們遠到國外發展只是為了賺錢，卻不肯汲取人家強盛的方法和優點，實在是太可惜了。淨土固然值得我們前往，但它真正的超勝之處不在於物質生活，而在於精神文明，也可以說是所謂的心靈修養。

我們知道淨土是「諸上善人俱會一處」，佛、菩薩、阿羅漢（聲聞聖者）和修行有成的眾生都在淨土，我們之所以要往生，就是要親近這些善知識學習佛法。在我們的這個世界裡，雖然也有很多善知識，但是我們為了維持生活，必須窮盡一生的時間、心力來謀生。佛國淨土的物質生活比較富裕，如果能如願往生，我們就可以把大部分的時間都專心投注在修養心靈上。

西方國家從工業革命發展為先進國家，經歷相當長的時間，才打下豐厚的基礎，而能在物質文明和精神文明方面的發展都比較均衡。但是文明再輝煌的國家，也無法永遠保持盛況不衰，因為無常的世間，會不斷遷流轉變，就如歷史上再強大的王國，終究還是會有滅亡的一日。

此外，如果我們只追求物質生活，如此發展下去的結果，我們的生活環境可能不會變成天堂，而是變成地獄。畢竟地球的資源非常有限，拚命開採到最後，資源會全部被耗盡，環境被汙染破壞，我們的福報也就用完了。而當全球人類共有的福報、財富用完了，該怎麼辦呢？屆時的世界，不正像地獄一樣嗎？環境的發展，端看我們的動機和行為朝什麼方向前進。

實際上，修學佛法正是要幫助我們看清自己的所作所為，以及產生的影響力。如果我們發願要往生西方極樂淨土，只是為了享受富裕的物質生活，那就表示我們的修養與修行出了問題。如果我們真的能往生到西方極樂世界，其實什麼東西都不需要，自然就能維持生活。事實上，我們每一個人日常的需求並不大，維持生活不困難，真正的困難在於如何讓自己無盡的欲望得到滿足。

物質欲求無止盡

我們反思一下，自己現在所追求的和所擁有的，究竟是真正的需要，或是不必要的欲望？再進一步想想，為什麼要念佛發願往生西方淨土？自己追求的到底是什麼？西方極樂世界有什麼地方吸引你？很多資訊為了吸引人注意，都會告訴我們說，某某地方多麼好，有多麼富裕的物質生活。其實心靈上的修養和提昇，比物質享受更加重要。假如我們的心充滿煩惱，無法滿足內心的欲望，只知道追求物質享受而為所欲為的話，那就是最嚴重的精神汙染。

物質的滿足是短暫的，因為所有物質的現象都是無常生滅的。如果我們每天都活在物欲的得失之間，自然就會產生很多煩惱。得到這個，失去那個；得到那個，失去這個……，每天都在這樣的得失過程中不斷輪迴。我們在得失之間的所得、所失、所求的，都是那些我們認為真實存在的現象而已，而這些現象是不是真實的存在呢？得到想要的事物，真的就會快樂嗎？事實不見得如此，有時得到了，反而讓我們快樂不起來。因為得到的時候雖然快樂，卻也害怕失去它。害怕失去，其實就是一種痛苦、苦惱。比方說，當我們賺到了錢，就要設法保存這些錢，你說苦不苦惱呢？放在銀行，利息太少；放在枕頭下，又怕小偷拿去……，究竟要放在哪裡才好呢？

有個故事說，有個人發財後，買了一塊金磚，把它鎖在保險箱裡，每天都拿出來賞玩一番，感到非常開心。不料，有天晚上被小偷看到了，就把金磚偷走，改放一塊磚塊替換。那個人看到金磚變成磚塊，心裡感到痛苦不堪。一位法師告訴他說：「如果你可以把磚塊當成金磚一般看待，就會快樂了。你何必為了那塊磚而折騰自己呢？」

我們的生活是不是也每天都活在「金磚的得失」中，而產生很多的苦惱呢？我們的生活常態，似乎就是每天都在追求無法滿足的欲望。在得失之間，我們把這些所求之物當成是真實的存在，認為得到就會快樂，沒有得到就苦惱，因而煩惱不已。

不安是內心最大的問題

世間變化無窮，我們的所得就好像買股票一樣，今天還狂飆好幾點，明天就摔個希哩嘩啦。實際上，這個世間就是一直處在不斷變化的狀態中。

從緣起的角度而言，不只是物質現象無常，所有的現象都是無常的，但是我們最能直接感受到的就是物質的變異。正因為物質生活變動得極快，所以缺乏安全感的我們，總是一直傾注許多的精神、時間追求物質生活，覺得擁有愈多愈安全。

可是不安全感，其實就是我們內心最大的問題。這個不安，從內在最微細的不安狀態，展現為外在的不安時，我們就希望透過「擁有讓自己感覺比較實際的物質」來安頓自己。我們以為擁有所求的人、事、物，就會真正安心了。例如我們大多會認為，多賺一點錢，讓銀行的儲蓄多一點，自己的日子就會好過一些。可是當你真的擁有了財富，是不是從此就安全無虞呢？如果你突然間生病了，銀行積蓄都用完了，該怎麼辦呢？

我們所處的世間，不斷地變化無常，導致我們以為抓到一些東西就安全了，所以大家就一直往外追求，甚至在信仰宗教的時候，仍不免會談到念佛也有求財致富等物質化的世俗利益。難道我們求生極樂淨土，也是因為知道那裡有金銀財寶，才會想要往生嗎？如果真的是為了財寶而求生淨土的話，這就說明了我們的內在是有問題的。

如果我們把錯覺當成真實，錯誤的認知就會變成一種錯誤的知識，讓我們認假為真。在錯覺的狀態下，不會產生真正的智慧。有種認知上的洗腦方式，故意將某個描述多說幾次，讓聽的人在耳濡目染之下，信以為真。當人們習慣在心裡不斷地自我欺騙：「是這樣的！是這樣的！真的是這樣的！」即使與事實不符，時間一久，也會不自覺地扭轉自己的認知。通常沒有受過修行鍛鍊的人，終其一生都是被錯誤的認知蒙蔽真理，佛法則教導我們如何看清楚事實。

在學佛或念佛時，要記得注意修行的目標與方向是什麼，我們所求的是不是真的值得追求或真正需要的呢？我們是不是真的需要一個有黃金、七寶、七層樓閣的環境，才能安心修行呢？

雖然很多法師會告訴你：「你看西方淨土多麼美好，一定要發願往生！」有些人聽了就覺得很嚮往，如果你認為那個描述是真實的，是為了那個美好環境而去的話，你還是不能人云亦云，必須想清楚自己想要前往的真實目的是什麼。因此，即使是求生淨土，也要看清楚——自己究竟是為什麼而去的。

修習定慧

在禪淨共修的課程裡，我們的內容次序是先動態的一面禮佛，一面唱念佛號，然後才是靜態的止靜念佛。

念佛為主，維繫正念

我們運用的方法，是以念佛為主。當大家一起唱誦時，要配合共同的節奏，慢慢地禮佛。如果自己在唱念的同時，也能一面聽佛號，就跟著大家一起唱。在唱的時候，要專注地聽佛號的唱誦聲，同時以和緩的動作禮佛。

在止靜的時候，我們就處在靜態，用打坐的姿勢安放自己的身心。念佛要念得好，必須要讓佛號成為心的主要念頭。

當我們在打坐或者念佛用功的時候，應該會發現到一個現象，就是妄念很多。

我們無論在唱誦或止靜念佛的時候，其他的雜念都可能還是會多過於佛號。甚至進一步還會發現，各式各樣的念頭都有，念頭多到來不及去捕捉，只能任它在心中不斷地轉動，自己雖然想要把心安放在佛號上，卻很難專注。

運用方法的重要，就是要設法讓心能安置在佛號上。即使過程中無法不受妄想的干擾，還是要讓佛號成為我們的主要念頭，也就是用念佛來維繫正念。其實，這就是一種修定的方法。

數念佛號，令心警覺

如何運用念佛來修定呢？首先，要把心專注在佛號上，同時也要知道自己正在念佛。用功時，我們往往以為自己一直在念佛，實際上，我們很多時候並沒有真正在念佛。譬如說，我們有十個念頭，可能只有一個念頭在念佛，其他都在打妄念。這樣的情況是很平常的，多數人都是如此。

為了清楚地知道自己正在念佛，可以用「數佛號」的方法來幫助自己集中心力。譬如說，念佛的時候，在佛號的後面加上一個數目字「阿彌陀佛一、阿彌陀佛二……」，等念到第十句的「阿彌陀佛十」，再回過頭重複念「阿彌陀佛一、阿彌陀佛二……阿彌陀佛十」。如此反覆相續，以第一到第十句的「阿彌陀佛」做為一個單位，不斷持續地念佛和念數。

如果發現念著念著佛號不見了，數目字當然也會跟著不見了，這就表示自己的心沒有專注在佛號上。換句話說，透過這個方法檢視有沒有用心在數目字和佛號上，就可以知道自己有沒有專注用功。有的人習慣了念「阿彌陀佛」，不想用數目字，只用佛號；但是，當他一直在念「阿彌陀佛、阿彌陀佛、阿彌陀佛……」的時候，有時候念到中途佛號失蹤了，卻渾然不覺，以為自己仍在專心念佛，實際上，他對佛號的專注力，早就被許多雜念所掩蓋了。

有些人說：「我平時都會念佛。」確實很多人會在平時利用各種空檔時間來念佛，但是佛號常常念了幾聲就不見了，等過了一段時間後，才想起自己正在念佛，趕快回過神來重新提起佛號，這種情況就是念不入心。在用方法的時候，一定要將心專注在佛號上，每一個字都清楚地念出來，速度不要貪快。

自己的心必須專注在佛號上，同時用數目字提醒自己不要分心。念到某個階段的時候，你會發現從一到十，每個數目字都能很清楚地數，而佛號也能很清楚地念，接著第二輪、第三輪、第四輪……，一直都保持著清楚狀態。這個時候可以再逐漸把數目字放掉，持續念佛，將佛號連貫起來。

如果你在念的時候，數目字和佛號時有時無，有時候數目字不見了，有時候佛號也不見了，就表示你在數佛、念佛的時候，心還不夠專注、警覺。

數佛號配合念佛的方法，是運用修定的原則，提起覺照、警覺的作用，讓我們能察覺自己究竟有沒有在念佛。在用功的時候，覺照、警覺的作用非常重要。如果我們一直在念佛，卻念到不知道自己在念佛，此時佛號就淪為許許多多妄念裡的其中之一而已，就好像我們平時習慣性地會想到某樣東西，久而久之，我們的念頭就會常常在心中浮現出來一樣，但是這樣的念頭就變成不是很重要的存在，因為我們沒有對它用上覺照的力量。

因此，我們要先設法讓自己專注，然後持續覺察自己正在念佛。我們現在運用的是數、念相結合的方法，即使你覺得自己念佛念得不錯了，這個方法仍然值得嘗試。假如你將數目字放進佛號中，感到很困難，那麼你的念佛可能只是一種口頭上很順口的慣性而已，並無法讓你一直覺察自己有沒有在用功。慢慢地，如果我們把工夫用得很純熟後，佛號能連貫下去了，覺照的作用也能和專注的作用配合無間，屆時的念佛就可以達到修定的作用了。

修行心切，不隨境轉

我們念佛為什麼要修定呢？《阿彌陀經》中說，念佛必須要念到「一心不亂」的程度，才能往生西方極樂世界。一心不亂，是不容易的事。最初，在發錄取通知書的時候，就告訴大家來參加課程，必須放下萬緣。為什麼下定決心來了後，自己的工夫卻用得不好，究竟是什麼問題呢？因為我們還在輪迴中。意思是指在用功修行的時候，最大的障礙就是「生死心不切」，想要解脫生死的心不夠懇切，所以還在輪迴中。

為讓大家安心用功，我們做了很多生活照顧安排，讓大家可以無後顧之憂地一心用功。這就好像阿彌陀佛為什麼要建設西方極樂淨土，而且還把淨土建設得這麼好？就是要讓大家能在比較好的環境專心修行。可惜很多時候大家卻錯用其心了，比如說以為前往淨土是為了享受七寶池、八功德水等美好的環境設施，而忽略了修行才是目標。本來，周詳地照顧是希望大眾都能專心用功，但是很多人可能因為修行的心不夠懇切，所以常會擔心回家的問題，想著「什麼時候回家？」、「要早一點回或晚一點回？」等。如果你能這樣想：「我只有七天的修行時間，即使不能開悟，至少要能念佛念到一心不亂，如果連一心不亂都辦不到，我就不回去啦！」如果是這樣的發心，你就不會擔心回程時間和上班問題，平常瑣碎的事務自然就放下了。然而，正是因為修行的心不夠懇切，所以做不到一心不亂。

修行的心如果不懇切，念佛稍微有一點障礙的時候，或身體稍微有一點不舒服，一有任何狀況發生，我們的心就分神了，產生罣礙。很多人只會發覺自己有太多東西放不下而苦惱，卻不會轉念去想：「那我就念佛念到往生吧！」

如果現在念佛，真的念到阿彌陀佛要來接引你們，你們又有誰要去呢？真到了臨終那一刻，你可能捨不下俗務，還想跟佛打個商量：「再給我五分鐘就好，讓我交代一下後事，我的車還沒有講好要轉手給誰……。」或者：「請讓我再打一通電話跟家裡的人講一件事……。」許多人大概都是這個樣子。

放下習性，讓心簡單

當我們用功的時候，如果心繫其他、心有旁鶩，實際上也是一種妄念與煩惱。也就是說，沒有辦法下定決心，讓自己安住在修行的方法上，就是因為我們在過程中，有太多放不下的事物，有太多的罣礙了。每個人的身上、心上，都承載了太多牽絆了。比如在用功修行的時候，拜佛既怕身體弄髒，又怕風扇吹得太冷、牙齒刷得不夠乾淨……，明明應該一心念佛，卻還不停在擔心這、操心那的，不斷地把心綁在各種生活瑣事上，就這樣不知不覺地養成一種容易罣礙的慣性。

照理來說，道場生活比在家生活單純，但是我們會發覺自己並不會因為生活簡單，就讓心也跟著簡單。雖然很想用功，心卻總是提不起勁來，被妄想障礙住了。特別是當自己下定決心去用功時，各種的障礙、妄念反而更容易跑出來。面對這種情況，我們要更用心地念佛，運用念佛來收攝自心，達到一心不亂。

大家都想要去極樂淨土，而往生的條件卻很簡單——只要念佛念到一心不亂，就可以往生到淨土了。

既然想要去淨土，就應該盡早念佛讓自己迅速達到一心不亂。能夠如此，阿彌陀佛就會手持蓮花前來接引，修行者乘坐蓮花就像搭乘飛碟一樣，十萬億個國土很快地就越過去了，速度比光速還快。現代的科學告訴我們，最快的速度是光速；但是若從佛法的角度來看，最快的速度則是我們起心動念的「心速」，只要一動念，遠在十萬億個佛土以外的地方，一剎那間就到了。很多人念佛的工夫還不到家，心的力量不夠集中，卻希望阿彌陀佛前來接引，乘坐蓮花往生淨土。阿彌陀佛的世界距離我們十萬億個星系，即使光速前往，也不知道要多少年才能到達。如果我們的心非常粗重，一動念都是妄念，而妄念是一種阻礙，這樣粗重的心如何去得了極樂世界呢？

放下內在的執著垢染

念佛的時候，心中的罣礙真的很多，而且是一個牽著一個。你可能以為：「喔！我全都放下了，哪裡還有什麼東西可以罣礙的，不然的話，怎麼可能來這裡參加共修課程呢？」事實上，念佛一天乃至到第七天，只要你一天能念佛念到一心不亂；或者你在七天裡，只要有一小段時間念佛念到一心不亂，即使你現在要往生都不會困難。只用生死輪迴的七天，就換來永恆的解脫，這難道不划算嗎？但是念佛要念到一心不亂，不是簡單的事。

為什麼我們都一直做不到一心不亂呢？就是因為罣礙太多了。這些罣礙其實都是我們的妄念，從妄念可以看到自己的心有太多的執著，執著多到說不完。

我們以為學佛以後，有很多東西都放下了。其實，我們放下的可能只是表面上的東西。例如你認為自己現在穿著比較隨意，沒有像學佛之前那樣注重打扮。如果有人問你：「你為什麼穿衣服那樣隨便呢？」你說：「因為我學佛了，不執著外在穿著。」

你真的是因為沒有分別、執著，所以才穿著簡樸嗎？你其實是想要讓別人知道：「我有一點修行了嘛！」這樣的心還是有些做作的，以為穿得隨便一點、簡樸一點，別人就會尊敬你很有修行；穿漂亮一點，別人就認為你沒有修行。

自己去強做分別，這樣是有修行，那樣就沒有修行，還能說是不執著嗎？如果想要讓人認為自己有修行，就是陷入執著的泥淖中。執著什麼呢？執著美名，執著被敬重的感覺。擺出一副有修行的樣子，就只是學佛的空殼子而已。

我們的執著，佛法稱為「染著」。這種執著非常細微，不容易覺察。就像顏料一樣，當它染上布料的時候，就跟布成為一體。我們的心染著這些東西的時候，就像跟它們在一起，就不容易發現到它們的問題。以為自己沒有執著、染著，實際上，自以為沒有染著的那個念頭，就是一種染著。

我們的罣礙，其實就是來自於染著，執著外在的瑣碎事物和心中妄念。我們的念頭不斷在心中此起彼落，自己曾經做過的事不論喜不喜歡、順不順利，都不斷地湧現。當這些念頭生起來的時候，如果不懂得調心，我們的情緒就受到影響，煩惱也隨之愈來愈多。

關於執著，念頭的起落是比較內在的部分，外在的部分是我們常常設立了很多的標準，而這些標準並不是絕對的。譬如說，我們認為自己所認識的都是對的，別人所認識的是不對的：「假如別人的認知和自己認為的不同，那就是別人不對，因為我是對的。」然後，我們就根據它來做衡量的標準，或設立一個標準來讓自己喜歡或不喜歡，把它們貼上標籤：這個好而那個不好，那個漂亮而這個不漂亮……。我們用有框架的心看待一切人、事、物，追求自己想要得到的東西，而排斥自己所不要的東西。修行，務必要設法放下這樣的執著心。

去惡向善，捨粗住細

如果你學佛後，穿著變得比較樸素，看起來好像是不執著了，其實是你改為染著另外一個事物，只是染著的力量會逐步削弱。修行的過程中，會不斷地放下比較粗的欲望，轉而染著比較細的心念，如果有這種狀況，事實上是一種進步。

譬如說，有的人本來很貪吃，開始用功了，就不太計較美不美味了。我們在用功修行的時候，不要自以為可以不做任何分別，什麼都放得下。如果你安住在比較細的心上，雖然已經放下粗的欲望，還是不免有些攀附，這就必須要將它捨除。既然知道極樂世界比娑婆世界好，就必須要好好用功，好像規畫未來一樣，如果你心中有理想目標，就要先心生嚮往，定出一個方向，有一個可以執著的著力點才能達成，學佛也是如此，我們的心還是要有一個去向。你要能放下惡法，放下粗重的娑婆生死輪迴，轉而趨向善法，趨向比較輕安微細的極樂世界。

念佛、打坐、數息或其他的修行方式，都是運用方法調心，讓心安住在某個中性的或與善法相應的所緣境上，然後捨除比較粗重、無益於解脫的所緣，讓心慢慢地調細，慢慢地趨向一心不亂。我們的工夫在什麼時候，可以稍微接近一心不亂呢？大概是在打坐比較進入狀況的時候，或者念佛念到心比較細的時候。

保持修行工夫，不再隨境攀緣

這幾天用功時，你們或許能暫時將放下家裡的事，但是真的能完全放下嗎？多數的人都無法完全放下。解七後，很多人的心就又故態復「粗」了。因為打七時，有整個環境與佛友的相互提攜與護持，所以比較容易提得起修行的力道；一旦離開道場，回到現實的生活，接觸到複雜的外境，很容易引發許多欲望，於是就「破功」了，又攀回到粗重的妄念。如果我們的工夫是這樣子的話，那修行的水準就會不斷地上上下下，無法穩定成長。

在道場能夠吃素七天，是因為法師提醒飲食是為了「維持色身，成就道業」，所以煮什麼就吃什麼。因此，修行期間對於美食的執著不會太強，只管吃飽後有力氣用功就可以了。但是如果平常沒有素食習慣，回家後的第一件事就是「開葷」，馬上去找葷食來吃，那顆心就會打回原形，變得粗重了。

調心可從調飲食來做為輔助，攝取比較簡單的素食，以天然蔬菜為主，減少人為加工。素食的「素」字本來就有「平淡」、「樸素」的意思。攝取清淡、簡樸的食物，除了有益於身體健康，對於修行調心也很有助益。

但是如果你平時也吃長素，發現道場的素食比較好吃，結果回去以後念念不忘，就是把染著的心帶回家了。由此可知，我們的心一直都是變動不已的，而修行調來調去的都是在染著部分下工夫。道場的生活很單純，回到複雜的日常生活，心便容易攀附外境，而有很多粗重的妄念。

心如果習慣攀緣外境，就表示我們雖然有運用到修行的工夫，但是力量還不夠堅強、穩定，所以無法一直持續，甚至也無法運用到平常生活。

我們想要解脫生死的心如果不夠懇切的話，就是輪迴的心。如果用輪迴的心來修行，就會不斷去攀緣與修行無關的外境和妄念。用功打坐時的心比較細，而當下座休息的時候，如果修持的力量不夠，而輪迴的力量比較強，心就又會變得粗重，繼續造業，如此輾轉不停，輪迴無間。倘若大家一直這樣下去，生死輪迴真的是會沒完沒了。

加強專注力，念佛攝心

「攀緣不止」是修行常見的問題，知道自己有這個情況時，要往內去觀察自己的心。輪迴力量之所以會起作用，我們之所以會攀附妄念、外境，就是因為我們的心不能覺照，專注與覺察的力量不夠。妄念、染著和攀附的心，都是與無明相應的，所以攀緣心的最根本原因就在於我們的智慧不夠。我們修持的力量不夠，往往是因為不夠專注；無法把心調細，是因為我們的心很粗，無法省察到粗的妄念。無法省察的時候，妄念生，就形成了一種作用，變成心在攀附。如果我們常常沒有加以覺察，妄念就會變成心最主要的作用，也就是「煩惱」。煩惱會攪擾我們的心，讓心不安。

當我們的心被攪擾以後，就會分辨不清，執著外在的現象都是真實的，進而攀著它。當我們攀著某個現象時，會加重對它的染著力量。如果能發現到這種情況，就能把心調得比較細。心安住在比較細的狀態時，就能發覺到比較粗妄的執著，也能放得下它。我們的心平時缺乏覺照的作用，必須在運用方法訓練心的時候，才有辦法發現這種情況。一旦我們沒有運用方法，粗妄的念頭又會生起，變成心的主要作用，所以我們必須不斷地用功。

在用功的時候，要持續地讓心專注；當心專注的時候，就會調得比較細；待心專注以後，就要去覺察它，覺察自己的心是不是還在方法上，或是隨著妄念走。如果能察覺到自己的心隨著妄念走，就表示心的覺照作用還在，還能收攝回來，持續專注。雖然我們的心很容易被妄念牽著鼻子走，但是經過訓練以後，專注的作用會慢慢地加強。

當心面對外境，有所攀附或執著了，要立刻生起覺察，知道自己正在攀附。此時有沒有力量做調整，就要看自己的定力了。當然，如果有智慧力的話，也就沒有問題。如果智慧的力量不夠，還無法完全斷除妄想、煩惱，就要靠收攝的力量來面對，也就是「定」的力量。

以念佛為例，如果念佛的時候，能念到一心不亂，平常也能將方法運用得很好，時時念佛，維持在佛號上的正念，一旦心攀附外境，很快就能覺察到自己的心在向外攀緣。一發現攀緣的情況，只要再次提起持誦佛號的正念，心就可以收攝回來了。心有所覺察以後，就不要去執著、染著於它，很快就能回到方法上。當然，如果要具有「很快能回到方法上」的能力，自己平時就要常常用功調心。我們在打七用功的時候，如果工夫用得好，就能把念佛的工夫變成我們心裡最主要的作用，佛號就會很容易提起來；在平時，佛號隨時隨地也能提得起來，能迅速地把心拉回到方法上，如此一來，我們就放得下比較粗的攀附。對於以前比較執著、放不下的東西，剛開始時，可能還是會有習性的反應，然而因為修持的力道，自己便能夠一覺察就立刻把心拉回來，拉回到自己的方法上——念佛。

修習定慧，加強心力

我們如果在觀念或思想上，還不能確定修行最終的目標，在用功的時候，就無法下定決心。或者，即使我們已經確定修行最終的目標，是為了要解脫煩惱，但是在用功的過程中，力量還提不起來，智慧也還不夠。

因此，我們要讓定、慧的力量漸漸地形成心的主流，甚至成為整個心的規律作用。我們現在的心，修持的力量只占一小部分，妄念的作用常常還是占據一大部分。如果我們的工夫用得比較好，就能在比較短的時間內把心調回來，或是很快地放下妄念。

如果持續不斷地訓練自己的心，工夫當然會愈用愈好，心也會愈調愈細。當心調細後，就可以開展出定力。同時，如果覺照的智慧力量愈來愈強，就會愈來愈敏銳，久而久之，就能快速做出正確的判斷和抉擇。譬如說，應不應該做的事，很快就可以判斷出來，而且所做的判斷是根據法為抉擇標準的，而不是根據個人的好惡。

我們平常幾乎都是拿個人的好惡做為標準——凡是我們喜歡的，就認為它是好的，所以那些自己喜歡、崇拜的人，都認為是好人；當有一天發現不再喜歡他們了，自己當初認定的好人就可能反倒變成壞人了。當然，我們不會完全都依據個人好惡而不依據客觀或道德的標準；但是如果我們用煩惱來衡量的時候，有很多的準則就夾雜了煩惱心。如果我們有智慧的話，在做判斷的時候，就會傾向於以法做為標準。

法的標準會比較客觀、務實，不是單純地只由喜歡跟不喜歡來做抉擇。例如有一句話說「人老心不老」，最近發現其實應該要「人老心要老」。如果「人老心不老」……，長者的骨頭都很脆弱，難道人都一把年紀了，還要學年輕小夥子那樣，去做一些極限運動嗎？而「心要老」的「老」字，究竟是什麼意思呢？就是所謂的

「無常」，當我們年紀慢慢地大了，要承認這個事實。當然，「人老心不老」是另外一個意思；但是，只是有很多人真的誤以為，老人在行動上，也要像小夥子一樣活躍。

從另外一個角度看，比如說，當我們的身體慢慢趨向衰老時，心裡要去能接受這個事實。當我們的心能接受衰老這個事實的時候，就是合乎於無常的法則。我們必須要認清，人只要一出生，就已經開始走向不斷地老化過程了。所以，發現自己身體的機能衰退了，是很正常的事；反之，如果你的身體機能愈用愈好，都不生病，那才不正常呢！那麼，既然身體機能衰退和生病是正常的事，我們就應隨順它。所謂的隨順，當然不是說：「哎呀！身體壞了，那就讓它壞吧！」身體還是需要保養，就像機器壞了會做修理，只是在修理的時候，知道「舊的機器不會比新的機器好」。自己的年紀大了、病了，還能在醫治的過程中，恢復到某種程度的健康，這樣就已經很好了。

生活依法為準，不落入個人偏見

如果你現在八十歲了，即使經過醫生看病治療，有可能恢復到三十歲時的體力嗎？沒有這種事的！經過醫生的治療，最多能讓衰老的身體不繼續惡化，卻絕不可能再恢復到年輕時的狀態了。以此類推，自己在做抉擇的時候，就會知道該如何去做一個正確的判斷。經過如理如法的抉擇與判斷，我們的心就會很輕鬆、安穩，不會常常為了不必要的事感到煩惱，比如覺得自己的外表看起來比較老，就多生了煩惱。

有些人看到老朋友的時候，常常都會說：「哎呀！你還是老樣子。」所謂的「老樣子」，我認為顧名思義可以做另一層理解，就是指「老了的樣子」，比前幾年看到的樣子又更為蒼老了。當你出現「老樣子」的時候，沒有關係，能夠清楚了解和坦然接受：「我就是老了嘛！」這樣就不會為老感到煩惱。在日常生活中，很多事也是如此。如果我們不能用明確、合乎於法的準則來運作，而把眼界限定在某一個偏狹的框架裡，這樣不論看到什麼都會起煩惱，例如對人的好惡。如果自己喜歡某甲，就認定某甲是好人，那麼在這個框架裡，某甲都是好的，即使某甲做錯一些事也沒關係，只因為自己喜歡某甲。假如有一天，當某甲變成另一個樣子，讓自己不再喜歡了，結果在討厭的框架裡，某甲反倒變成一個壞人了。以前認為好的，現在變成壞的，心中的認識其實也是一種無常。

如果沒有無常的觀念，就會被暫時的表象與認知框住，不斷用不實際的標準來衡量任何的人、事、物，我們如果是用這種方式來處理生活，就會不斷被外境所影響，在搖擺不定中一直煩惱。正確的認知是修行的重要力量，明白了佛法的道理，產生了智慧，自己在做抉擇的時候，就有一個實在的準則，能幫助我們把心收攝回來，安住在工夫上，能一層一層地放下對外在的粗重攀緣心。

我們遇到障礙時，通常妄念一出現就會引發煩惱、妄想，原因在於自己沒有能力處理內在反應，以及排除外在干擾，所以才會不斷地攀附外緣。如果自己能用功修行，就能立即警覺，以定力、智慧等覺照的力量來進行調整，將心再度拉回來。如果能夠開始逐漸放下了外緣、煩惱、妄想，就表示內心的力量慢慢地被提起來，工夫已經有所進步了，此後更要保任這個狀態，持續用功！

破除我見

人生除了基本的物質生活需求，其餘的都是欲望。欲望是一個無底的洞，永遠都填不滿，讓人陷入永無止境的追求輪迴。

假如我們能自我要求提昇心靈，我們的心就能由粗調細，減少對欲望的執著。但是在調整的過程中，即使能夠放下比較粗重的對象，比如貪戀美好回憶，仍會轉而去執著比較微細的對象，比如貪戀禪悅的覺受，只要心有所執著，便仍然無法脫離輪迴。所以，當我們談到「修行使不上力」，其實那就是輪迴的作用。

染心不除，不能解脫

在日常生活中，我們的眼、耳、鼻、舌、身五根都是在攀附色、聲、香、味、觸五塵。生活中的五塵作用都是比較粗的，當它對我們的五根產生刺激，自己接收刺激而認為這些作用是真實的，就開始產生執著了。當我們在用功調和的時候，把心往內調，就會執著比較細的部分；但是大部分時間還是會處於比較粗的狀態，所以工夫總是上下起伏不定。當心調得比較細的時候，對於那些比較粗的妄想或外緣，就比較放得下；而將心調細後，如果再度執著、追逐粗大的妄念的話，心又會變得愈來愈粗。如此反反覆覆的狀態，這些都是輪迴的現象。正是因為還有染著的心，出離生死的心還不懇切，所以就無法解脫了。

《楞嚴經》說「淫心不除，塵不可出」，我們一般看到「淫」字，會以為所指的是男女之間的淫欲，於是認定色欲是最讓人類沉迷的欲望。如果我們只談色欲，對於欲望的解說將不夠準確，也不全面。比如地獄的欲界眾生，他們的生活非常痛苦疲累，根本不會有淫欲的欲求。除了人類，大部分的有情眾生，比如畜生，他們的淫欲作用只是為了繁衍後代，許多動物只在固定的某些時段發情，除此以外不會有任何的求偶、交配等現象。如果修行修得比較好，就能超越欲界，進入到色界的禪定；當安住在色界定的時候，就沒有男女色相的差異與存在了。所以，如果能修到色界定的話，至少淫欲的作用不會生起。所以，《楞嚴經》所講的「淫」字，應該解釋為「染著的心」，就是對世間任何一種對象生起「沉迷、耽迷的作用」。

欲望就是一種染著心。我們的染著心，可從粗到細來分，最粗的包括吃飯、睡覺、淫欲，還有其他名聞利養等。如果你一直貪得無厭地去追求的話，那就是比較粗的染著心。每個人貪染的對象以及貪染的程度，可能都不大相同，有些人可能某方面沒有那麼強烈，但是有些人卻特別強烈。例如有些人比較貪吃；有些人比較貪睡；有些人比較貪色；有些人可以用各式各樣的方法爭名奪權，但是對於財、色、食、睡就不太感興趣了；也有些人為了賺錢可以放下一切享受，就只是追求財富。然而，無論是哪一類人，只要「淫心不除」，心對世間仍有任何的沉迷，就無法出離三界。

所謂的「出三界」就是「解脫」。我們不管是從精神修養的提昇或修行成長的角度來看，都是從粗慢慢地調到細。因為只是把心調細，沒有斷除執著的根源，所以過程中，我們會發覺有些染著一直是連綿不絕地存在。那麼，所謂最深層、細微的染著——「淫心」究竟是什麼呢？其實就是最深層、細微的自我愛戀。

假設一個人修定的程度，已經達到色界定的境界，他將對於粗重的世間欲望都不感興趣，照理來說，應能解脫自在了。但是能入高深禪定的人，比如像是已經證得世間最高禪定「非想非非想定」的人，為什麼仍然無法解脫生死呢？他的定心已經細到極致了，所有粗大的欲望都不可能再干擾到他了，但仍然不免會執著有個自我的存在。

有些人可以放下所有世間的欲望，只需要一件衣服隨身，就可以獨自到深山林野閉關苦修，只要一打坐入定，財、色、名、食、睡這些粗重的內容，對他而言就是多餘的；然而，禪悅是世間最大的樂，如果還執著禪定的喜悅，仍舊不免要生死輪迴。染著的心除了貪，還有瞋、癡等煩惱，有些經典將貪、瞋、癡翻譯成淫、怒、癡。淫就是貪愛的心，而怒就是瞋。

放下自我的染著

最深層而微細的染著，就是對自我的染著。我們每個人其實都很自戀，只是有時候表現得特別明顯，有時候則沒有直接表現出來，這些對自我的強烈執著，會形成一種習性。在修養身心上，我們淡化執著的歷程是從粗到細的，先放下比較粗的，再逐漸放下比較細的。在現實生活中，假如我們執著於外在的追求，心就會被粗重的欲望不斷地擾動，一旦心執著於某個對象，就會產生各種擾動的作用。

我們追求欲望時，在得失之間會生起煩惱。得到的時候，會煩惱；由得復失，也會煩惱；想要一直維持住「得」的狀態，不讓它失去，更是令人煩惱。只要有所執著，整個過程就是一個輪迴。只要有輪迴，我們就會一直不斷地被業的力量往下推而沉淪。

在調伏業力的過程中，先放下比較粗重的業，也就是屬於物質的部分，然後再調到比較細的業，也就是屬於精神的部分。如果我們內心染著的是比較粗重的欲望，就會產生很強烈、很明顯而外向的煩擾作用，於是想要攀附、爭勝的心就會非常地強烈。所以，我們看到追求物欲享樂的這些人，就是非常明顯地一直往外求取；然而物質有限，但欲望則無限，當欲望具體展現出來的時候，就會產生很多的鬥爭。

如果你想放下粗重的欲望，往內把心調細，在意識上、心靈上有所提昇，那就需要用比較深層、細緻的心去欣賞生活，減少攀附，也就是所謂的文化藝術格調。這些相較而言，比較細緻、比較正當的嗜好，其實仍是一種染著。所以，不論我們染著哪一種嗜好，都會讓我們陷入輪迴。在世間上，有時為了避免攀附粗重的物質欲望，轉而讓心投注在較細緻的文化活動，這種方式多少具有一點移情的作用，也就是把向外攀附的欲望調細一點，然後培養一些高雅或心靈取向的嗜好，做為一種精神的寄託，所以我們需要培養一些嗜好，比如：繪畫、書法、閱讀、聽音樂、泡茶等。

把欲望從粗調到細，如果能培養出嗜好，就會從中得到樂趣，而當增加了對美感的鑑賞能力，那就是一種享受。這種享受會讓自己感覺精神充實，而且這種實在的感覺是比較內向的，自然就會放下比較粗重的欲望，而不再執著了。現在的年輕人從小到大接觸到的生活環境，都是很外向的衝擊或感官的刺激，我想很多年長的人，可能都很懷念從前比較純樸的生活經驗吧？

以前的娛樂活動很少，大家的生活都很單純，年輕人很少會外出尋求刺激的生活享樂。學生容易安定地學習，老師教學也輕鬆。現在的老師很難當，甚至還會怕學生，因為學生已經養成爭強好勝的習慣。如果老師不順從學生的意，他們隨時都會直接抗爭。以前人讀書是追求高尚的理想，求取知識或修養品性，現在學生可能只是為了考取文憑進入理想大學。所謂理想的大學，就是畢業後就業可以多賺一點錢，得到更好的物質享受。世風日下，人心不古，這種功利的想法已經形成一種風氣或社會的潮流了。

現在的學生從小就受到這樣的影響，尤其目前經濟生活普遍良好，父母比較有錢。從前，父母能買一部腳踏車給孩子，就足以讓人歡喜了。現在，我看到有些學生已經駕著BMW的名車上學了。如果這些生活享受都由家裡提供，輕易得手，不是學生自己打工自食其力，他們如何學會珍惜呢？我們畢業時出來打工，一天下來才賺幾塊錢，所以領錢的時候，都覺得那個錢好珍貴。現在年輕人從學生時代就擁有豐富的物質享受，一旦進入社會，他們會難以掙脫充滿物欲的感官生活。如果對浮華的生活感到厭煩、疲累的話，就會想要放下這些了，豐富比較內在、比較深細的精神生活。但是，即使是精神上的食糧，像是很多的嗜好和藝術，還是要通過內在去反觀。

內在的反觀，不只是受到粗大的外境刺激而已，而是將自己的心調整到比較深層、細緻的意識作用去欣賞、體驗各種情境。良好的嗜好通常需要一段時間慢慢地培養為生活習慣，才會樂在其中。有些人的生活很簡單，讓自己聚焦在某一樣的興趣，每天就能過得很歡喜快樂。有人或許會勸他應該要用興趣嗜好，去獲取更多的東西才對，他卻不一定有這樣的想法。比如說，有些人畫畫是純粹興趣，不一定想要賣畫；或者有些人喜歡音樂，他只要能全心地演奏，自然而然就會倍感充實，不一定會想公開演出。雖然這些興趣比外在的感官刺激輕微太多了，仍然需要有可以攀附的對象。

工夫從粗調到細

我們在宗教方面的修行也是一樣，如果要去惡，就必須行善。比如大家守五戒——不殺生、不偷盜、不邪淫、不妄語、不飲酒，除了不要做這些壞事以外，每天還要去行善。如果你不做壞事，也不做好事的話，就會無所事事。

我們既要「有所不為」，也要「有所為」，那麼「有所為」是什麼呢？開始學佛的時候，如果什麼都放下，到最後應該會覺得自己好像無主孤魂一樣。如果這樣稱為放下的話，難道無所事事的無業遊民，他們的生活態度也是放下嗎？他們不會做壞事，卻也不想做好事，可能有工作也不想去做。這樣的生活就是自在，就是解脫了嗎？不是的，無所事事的人所感到的是空虛、茫然，他自己本身也不知道自己在做什麼或該做什麼。所謂的「忙」，從字面來看，就是「心死掉了」；還有另外一種是「茫」，所謂的「茫然」。那些忙著做事的人，還有生活著力點；但是生活很茫然的人，什麼都沒有，好像進入一片迷霧裡，不知道要走到哪裡去。

將心從粗調到細的時候，要把粗的放下，留住比較細的。我們要放下這些妄念，讓心念專注在某些對象上，比如念佛、數息或其他的所緣。有些人選擇去聽某些聲音，像是把精神專注在聽水聲、聽海潮音，當心專注在所緣境上時，就會放下粗重的執著，並緣取比較細的執取對象。

又比如數佛、念佛或數息等方法，在剛開始數息的時候，因為平時的心處於粗糙浮動的狀態，無法一下子就從很粗調到細，必須用稍微粗一點的方法來調整，也就是用數目字去數息，幫助我們提起覺照；念佛也是一樣，念佛念得很好，我們的心就會完全安住在佛號上，但是不太可能一念佛就如此安定，所以需要念珠的輔助。

可是念佛時拿著念珠一直念，你敢確保每一粒珠跳過去的時候，一定是念一句佛號嗎？還是跳了好幾粒珠才念一句？有時候自己都忘記了，掐念珠就變成一種習慣而已，我們用數目字和使用念珠也有相同之處，只不過數目字是內在的標記，念珠是外在的輔具，幫助我們數出入息，或是提起念佛的警覺。

很多人念佛時，只是感覺到隱隱約約地有佛號，就以為自己在念佛了，其實在佛號當中夾雜了許多妄念，自己之所以覺察不到，是因為妄念太粗，而繫念佛號的心還無法調細，所以需要運用比較粗的數目字來數佛，當念到某一個階段的時候，就會發覺自己不再需要數目字了。數呼吸也是一樣，數到你能專注在呼吸上。當心能安住在佛號上或呼吸上的時候，像數目字這樣比較粗的妄念，你就能放下它，然後持續安住在佛號或呼吸上，把心調到更細。

定的作用

當修行的專注力量強大的時候，強大到可以改變某些物理現象，這種作用就是一種神通。智慧不足又我執很重的人如果獲得神通力量，就會執著不放。所以，有很多擁有神通的仙人，非常執著這種力量，強烈地認為只有自己看得到，而別人看不到的現象是真的。

我們有時可以透過分析來判斷這些現象是虛妄的，但是執著自己神通力的人，會覺得自己看得比你真實。比如說，有人證到了天眼通，可以看到很微細的東西。打坐的時候，他會看見各種奇特的現象，在他一己的認知裡，那些內容是很真實的，雖然那些現象其實都是妄念所形成的。

我們在打坐、睡覺的時候，前五根都停止了作用，收攝在內在意識裡。例如正在做夢的時候，整個人在夢境裡，是不是覺得夢境很真實？打坐的時候，坐到某個階段，也會發覺自己在那個境裡。如果境很明顯地顯現出來，就會執著那是真實的，因為覺得自己確實看到那個境。其實，我們在定中看到的所有境象，都是心念所顯現出來的。我們的心念有很多的層次，打坐打到那個層次的心念時，或達到那個境界的時候，前五根還會被外面比較粗重的妄念所干擾嗎？如果我們仍然可以感覺自己跟外在的境是對立的，那就代表自己還沒進入到那麼細微的境界。

一般而言，自己對外在的感覺作用減少了，類似在睡眠的時候，前五根沒有作用，會感覺好像整個人就在夢境裡。打坐時，如果這些外在的妄念或作用，對自己沒有造成干擾，身心就會像一層一層地脫落了，安住在比較深細的內心境界，自己會感覺那個境很真實，認為自己就住在那個境裡。在那個時候，自己的「內和外」、「個人和環境」的分別作用就沒有了，僅存自己的心與念對立的情況。

所以，如果心攀附念，就會感覺自己就住在這個念裡，覺得是很真實的境界。在我們的內心裡，各式各樣的境都有，這是因為我們在不斷地生死輪迴之中，造了無量的善業和惡業。有些人在打坐的時候，如果惡業剛好現前，就會被惡業干擾。

佛陀教導我們持戒，為的就是幫助我們不造惡業，以免對禪修形成干擾的力量。有些業力的展現很真實，就好像身歷其境一樣，干擾的力量很強大。如果自己的心無法保持安定，就一定會觸境被干擾，難以讓心通過那個過程，又恢復到平時的粗重狀態。

如果發覺禪修時的境象比較虛幻、內在，就要往比較細微的內在做調整。打坐調心其實都是定的作用而已，不論調到多細，都還是屬於定。藝術家從事藝術創作時，也可以專注於創作的領域，住在很深的定，或像有些科學家的生活非常簡單，一輩子就是為了做研究而活，投入整個精神力量在所研究的領域裡。

假如藝術家很注重物質生活，只想著多賺一點錢，他們的藝術成就就會逐漸停頓，難以持續深入了。那就是因為一旦被外在的物欲牽制住了，就會讓自己的作品商業化，除非願意放下過多的物欲，繼續醉心於自己的領域，才可能有投入更深入的開拓工夫。

依正見引導，破除我見

修行也是如此，即使我們把心從粗調到細，最後還是有所執著，如果淫心、染心未除盡，就會繼續生死輪迴。所以，即使住在很深細的定，比如非想非非想定，那是無色界定。色界沒有粗的色身，也沒有男女的欲望，只有微細的色身，然而若在無色界的時候，雖然連微細的色身都沒有，卻仍然有最深細的我執存在，所以無法解脫。佛陀告訴我們，想要解脫必須要破除我見，才能徹底地捨除染著的心。換句話說，破我見就是破除對自我的執著。破了我見，生死輪迴的作用就會終止。破我見需要智慧的力量，而定的力量能幫助我們把心調細，觀察到內心更內在、深層的作用。我們修行最終的目標，就要破這個我見。

一切都是無常、無我的，要有放下的智慧。如果沒有這樣的知見引導，得禪定的人，其實只是把自己「困」在深細的定裡而已，卻無法開發智慧。他們還有染著心，仍然染著很內在、深細的我，執著有個「我」在修行，因而才會持續輪迴。學佛者尚且不免如此，非學佛者的我執就更加強烈而明顯。

在知見上有佛法的引導，清楚所皈依的真理是無常、無我，當打坐的心安住得比較細，看到外境會覺得虛幻，就比較能放得下境界。當然，我們也知道，如果沒有達到某種程度，回到日常生活的時候，即使內在有些許的體驗，一旦遭受外在的感官刺激，自己還是會被打回原形了。

但是，只要能慢慢地調整，自己就能放下外在的人、事、物。所謂的「放下」，不是拋棄它，而是讓自己能不產生染著心。我們在日常生活裡，吃、睡、名聞、利養、色欲等，會有各種欲望需求，會有感官與身體的作用，同時和他人、所需要的物品，還有所依止的環境等的聯繫，一定都會存在。

如果我們把這些關係變成得與失的時候，就會開始產生得失心，而後就會引發追求、排斥的心理。假使自己知道這個關係必然存在，但是不帶入「我」的染著，就不會在單純的苦樂之外，再增添憂喜的波動。只要仍有執著，就會想要追求或排拒。

當你擁有某個東西，或者它的存在跟你有很深的聯繫，你卻不認為它是屬於你的，而只是在某些因緣的聚合之下，暫時擁有或使用它，就不會有執著心。我們吃飯的時候，知道攝取飲食是一種維持身體的欲求，要維持生命，就需要飲食。用餐的時候，如果能不把自己的欲望、執著加入進去，就會比較單純了。如果我們能以這樣的方式面對一切，不產生執著、糾纏，對外在的事物就比較能放得下，不起煩惱了。

當因緣和合的時候，能隨順因緣，適當地去面對它、享用它；當因緣離散的時候，也不會捨不得，或想死守不放。然而，我們雖然都知道無常、無我的真理，明白不要執著，因為無我就無我所，但是大多數的時候，會發覺自己的智慧力量還是不夠，在實際的行為上無法與法相應。

接受無常變化，一切隨緣取捨

我執是無所不在的：「這是我的東西！」「這是我的位子！」我們無時無刻都是緊抓著自己不放——這種固著的認知就是輪迴、染著的心。假如我們能掌握正知見，在修行過程中不斷地用它來剖析各種現象：從外在的「我所」開始去剖析，究竟有什麼是真正屬於自己的？這個世間，包括了自己的房子、汽車、茶壺……，其中有哪一個永遠能屬於自己的？這些東西目前雖然是由自己「保管」，但是當自己死亡的時候，卻連最愛的身體都帶不走。

既然物質用品隨時都會變化，又有哪一樣東西是自己帶得走的？如果認真地剖析自己所擁有或所貪執的事物，就會知道不只物質用品是無常的，自己的身心狀況也是無常的，於是執著心就會開始淡化一些。

大多數人新車剛買回來時，每天都擦得亮晶晶的，稍微受到一點擦撞，就痛苦得不得了，恨不得和擦撞自己愛車的人打上一架，讓人不禁疑惑買車是為了痛苦而買，還是為了讓自己舒適方便才買的？當然，我們不會縱容別人去破壞自己的車；可是車子即使沒有人劃傷它，用久了也會慢慢損壞。如果買車是為了舒適方便，實在不需要為此痛心疾首。

有些人的車子一被刮花就不要了，你以為他已經放下愛車了嗎？他不是放下，只是轉換另一個執著的所緣，改買一部更新更好的車子。然而，不管是哪一種防護堅固的車子，都還是會擦撞受損，防不勝防。人生也是如此，我們在死時會出現類似的情況——對我們所喜歡、擁有的東西，帶著強烈的執著，緊緊抓住，不肯放下。然而，如果我們知道這些東西只能在現實生活中暫時擁有，就不會覺得非得到它不可。就好像古文物一樣，從兩百年前留下來的茶壺，我們只是暫時保管，時候若到，還是要移交給後人。

如果我們明白了無常的道理，就能漸漸地放下執著。我們要讓佛法的無常觀、無我觀不斷地深入到內心，如果是數呼吸的話，就隨著呼吸，慢慢地覺察到呼吸也是無常、無我；然後，更進一步再觀自己的心念也是無常、無我的，如此一層一層地剖析下去。大乘佛教的中觀派主要闡釋的佛理，就是「空」的道理，如果能掌握到空的道理，逐步地剖析下去，自己對人、事、物的執著就會開始慢慢地淡化。

所謂的「空」，不是空空如也、一無所有，而是否定自性的存在，任何現象不會永遠不變，不會有兩個剎那完全一樣，會一直在不斷地改變。現象之所以會改變，那是因為是由很多因素所組成，沒有單一性、主宰性，所以必定會一直不斷地變化。所以，當某種現象存在的時候，表示構成它的因緣已經具足了，而不能否定它的存在。但是不了解空的人，得到好的事物時，就想永遠占有它；一旦因緣離散了，失去它時，反過來就會開始苦惱了。如果能真正地明白無常、無我的道理，就不會對任何現象生起執著，也不會因執著而患得患失。

比如說，水果都有保存期限，必須趁新鮮的時候食用，不然就浪費了。既然知道水果是有期限的，所以我們在期限內食用完畢，這並不是一種執著。因此，雖然了解無常或空的道理，但並不是說，由於一切現象都是無常、無我的，最終會毀壞，所以就要放棄一切去自生自滅。如果有這種不負責任的態度，那又變成另一種執著了。

總而言之，想要放下粗重的欲望，必須先要有一個深細的對象可抓取。調心調到某個階段的時候，假如能有正見引導，就能不斷地放下粗重的欲望，並轉而執著比較深細的對象，在修行歷程中，設法用無常、無我的道理，或者空的知見來層層放下執著，這樣就會比較有力量破除執著。

觀照無常、無我，循序深入

放下深細事物的時候，如果看得愈細愈能發現它是無常、無我的，最後將發覺最微細的作用在於執著有一個主體的我。當明白原來自我也是經過因緣組合而形成，就能破除我見，完全放下了。修行中如果能不斷運用無常、無我的智慧，逐漸地就會愈看愈清楚。

具足正見，是修行的佛法的必備條件。然而，我們大多數的時候，卻欠缺正見，我們對正見的認識，只是從名相上片面地知道而已，不能真正思惟到無常、無我，而產生比較深細的體驗。實際上，當我們明白無常、無我這些道理之後，就能慢慢地放下執著。放下執著的方法，不是用排斥的方式，只是單純地觀察到它的本質，是空、無常、無我的，自然就會不執著了。

當某個現象存在的時候，你不可能否認或否定它的存在。當某個人、事、物和你發生了聯繫，你就很難放下；反之，如果在聯繫中，不摻雜自己的欲望與染著，這就是放下。放下，是很不容易的一件事。我們在練習放下的時候，智慧就會不斷地增長。

回到念佛的方法，當我們念佛的時候，先要設法放下比較粗的妄念，才能把心調得比較細，才有辦法更進一步用智慧來觀照。當具備了定力，自己就能放下比較粗重的妄念；然而，對於比較細的攀附，也就是所謂的染心或淫心，卻還未能消除，因為那要到智慧的作用完全顯發的時候，才能辦得到。我們現在還有染心，所以不論是對家庭、工作或身邊的人，對於生活中的每個現象都想攀附，如此戀戀不捨還有藥可救嗎？

有的，我們還有佛法，但是我們必須運用佛法來調整自己。在道場修行時，少了很多攀附外境的機會，自然能放下外在的粗重欲望；如果回家以後，沒有持續修行的工夫，自己可能又會被煩惱抓回奴役。因此，要好好地珍惜在道場修行的福報，將調心的工夫好好地鍛鍊起來。

求生願切

念佛除了可以求生淨土，也可以通過念佛來修定。當我們有了定力就可以修慧，也就是先用念佛來培養止的工夫，然後由此工夫來憶念法，用正確的知見來觀察世間的一切相，觀照我們的身心，尤其是觀察內心的種種，最後就可以開發出智慧來。

心垢則國土垢，心淨則國土淨

一般談到念佛，就會想到往生淨土，那麼到底為什麼要去淨土呢？在我們心目中，最清淨美好的世間可見物質，金、銀等七寶可為代表。很多人看到西方極樂淨土非常光明燦爛，到處都有珍寶，就心生嚮往了。實際上，我們若將淨土和現實生活做對比，就會知道經典介紹淨土時，之所以會用七寶來說明淨土環境的良好，主要是要和我們的娑婆世界做個區隔。

淨土的環境當然是清淨、莊嚴的，但是我們如果只看到這一點，那就表示我們是以世俗心來看待極樂淨土的。確實，我們所在的娑婆世界無法和極樂世界相提並論，不但生存環境條件惡劣，而且現在還有很多環境汙染問題，但是這個世界之所以會汙濁，是肇因於我們內心的問題。換句話說，世界的汙濁，是來自我們心中的煩惱。如果我們的內心汙濁，顯現出來的世間就會是五濁惡世。

由於人們很難想像淨土世界的莊嚴程度，佛菩薩為了要讓人理解極樂淨土的清淨，於是就以人類世界最清淨珍貴的物質來做比喻，比如說，極樂淨土是金沙鋪地而成，有無數七寶樓閣與樹木，有了這樣具體易懂的形容，我們就比較能去想像淨土世界的清淨莊嚴樣貌。然而，如果佛經裡的淨土，只是以我們世俗的金銀珍寶堆砌而成的話，那並不是真正的淨土。因為七寶仍是世間的凡俗物質，真正珍貴的是法寶，能讓眾生心清淨。

如果我們的心清淨的話，所顯現出來的世間，就不只是當前所見的樣子。往生淨土最主要的條件，就是我們的清淨願力，既然是清淨的願力，就不應把世俗的心摻雜進去。

我們要了解經典的表達是有局性限的，關鍵在於我們為自心所局限，因為已經習慣於日常所依止安住的世間，以及其間的各種物質、結構、環境與生物，比如樓閣、房子、街道、水池、樹木、鳥類等，如果以此既有的事物及語文概念來做說明的話，就比較能讓人明白極樂世界環境的清淨莊嚴。然而，如果你念佛念到一心不亂，真正往生的時候，所看到的極樂世界應該就不只是這麼簡單了。

有的人可能會疑惑，一切佛都住在佛國世界的淨土，為什麼釋迦牟尼佛卻是住在娑婆世界的穢土？在《維摩詰經》中，就提到這樣的一則故事：佛陀弟子被譽為智慧第一的舍利弗尊者，曾質疑釋迦牟尼佛居住的娑婆世界不是淨土，問題是否出在佛過去生為菩薩時的心不夠清淨。當他動了這個念頭，不僅佛陀知道了，另外一位大菩薩示現的大梵天王也知道了，他告訴舍利弗說：「就我所見，佛的世界就好像我住的天上宮殿一樣清淨。」舍利弗卻不相信地回說：「可是我眼中所見的是高低不平、遍布沙石的穢惡世界啊！」於是，佛陀就輕輕地用他的腳趾按地，把他依止安住的這個娑婆世界實際狀態呈現出來，讓弟子們都能看到這是個無比莊嚴的淨土，既不是舍利弗所看到的沙石世界，也不是天王所看到的天宮。

共住世間由共業形成

因為我們的心是汙濁的，所以看到的就是汙濁的世間，此即「唯心所造」的道理。一般而言，當心情好的時候，我們看到的景色都是美景；當心情很鬱悶的時候，所看到的景色都更讓人鬱悶。比如，當你觀賞秋景時，如果心情很美，看到樹葉飄落時，會覺得很美麗動人；如果心情很鬱悶，落葉就給你一種生命凋零的悲哀感覺。世間是由我們的妄念和眾生的共業所造成的，如果你認為這個世界不好，其實你也要負責任的。

不要將這個世界不美好、社會不公平，都一味地怪罪別人，因為我們也是其中的一分子，這個世間是我們所共同造成的。無論我們對世界抱持著何種看法，世界的樣貌和我們的心念、共業都有關係。當你能夠不斷地止惡行善的時候，就是一面在設法調整自己的心，同時也一面在改進社會，改進我們共住的環境世界。

當你看到淨土經典把極樂世界描述得如此美好，心生嚮往，你可以在打坐的時候，依照經典指導的方式去觀想西方淨土。剛開始觀想的時候，很難馬上觀得出清晰、具體的景象，但是如果能不斷以信心、願力持續觀修，一個部分、一個部分逐步地觀想，等你熟悉了以後，終有一天極樂世界將會真的顯現在你的眼前。

在《觀無量壽經》中，就有教導我們觀想極樂世界的方法，其中將極樂世界的觀法分成十六觀：日想、水想、地想、樹想、八功德水想、總觀想、花座想、像想、遍觀一切色身想、觀觀世音菩薩真實色身相、觀大勢至菩薩色身相、普觀想、雜觀想、上輩生想、中輩生想、下輩生想。透過觀修淨土而感得淨土的種種莊嚴美好，由此可知，外境是可以從內心設計出來的。有些人依據經文說明的極樂世界描繪成圖，所以我們可以看到很多極樂世界的圖像。雖然極樂世界的圖像，好像每位畫家畫的樣子都不太一樣，但都是他們以虔敬心所繪出的極樂世界。在敦煌的壁畫中，有阿彌陀經變圖和其他淨土的經變圖，所謂的經變圖，是古代的弘法者用來和聽法者介紹佛經的圖像，為描繪經典所記述情景的圖畫。像是山西省大同市的華嚴寺，在牆壁上、屋頂上，都圖繪了佛陀講《華嚴經》時的盛況。

佛說《華嚴經》的時候，有七處九會，畫師們根據經典的內容加以構思，再將它描繪出來。又例如西藏的唐卡，唐卡是西藏修行者觀想的輔具，其內容是在描繪淨土或佛菩薩曼荼羅。有人甚至把曼荼羅設計成一個真實龐大的道場，在哪裡可以見到呢？爪哇島的婆羅浮屠（Borobudur），其實就是根據佛的曼荼羅、佛的淨土所建設的道場。

同樣是描繪淨土的圖畫，隨著各別的構思與創意，因而呈現出不同的設計。比如說，同樣是根據經典的文字描述，有人把淨土的內容設計成一個圖、一幅卷軸、一面壁畫，或是三度空間的建築物；如果以我們現代技術的發展來看，或許還可以用電腦把它設計成更多元的空間。無論是什麼樣的設計，都是根據我們對經典的了解和思惟的方式而成。

佛陀介紹極樂淨土時，是根據當時人所能了解的語言文字把它介紹出來。當我們看了這些描述的內容，就會在自己的心裡產生畫面構思。佛陀為什麼要讓我們有所構思呢？既然我們要往生淨土，就必定要對淨土環境有所熟悉。這就好像要去陌生的地方旅行一樣，在你出發之前，必須要先看一看地圖、相關的景點照片，了解一下路線走法、當地狀況與交通方式，為行程做足功課。若非如此，沒有相當的準備，即使硬著頭皮出發，多花幾倍的旅費，也不見得能順利抵達目的地。

這就類似於往生以後，難道我們到了極樂淨土，還要去問路嗎？如果事先做足了功課，真的抵達的時候，不用問路，對環境都一清二楚；更不用說到了那裡，還要去問觀世音菩薩：「請問阿彌陀佛在哪裡？」不需要去問這樣的問題。

經典引導構思淨土的建設和環境

淨土經典的功能，主要是幫助我們在求生淨土之前，可以先有所認識與進行構思。我們目前所依止的世間，都是通過五根去接觸五塵。在五根當中，我們還是以眼根、耳根為最主要的認識管道，所以整個極樂世界的構圖，會以眼根所見，大家公認色法世界裡最好的七寶來做描述。不僅環境和建築都是由七寶構成，而且大地是平坦的，道路是整齊的。這正如同現在先進的新規畫城市，街道都是盡量做到平坦而又整齊，其他房子再依據道路規畫建設起來。而在耳根的部分，極樂世界隨處都可以聆賞音樂和鳥的歌唱，當微風吹動的時候，樹上懸掛的寶羅網都會發出念佛、念法、念僧，以及四聖諦、八正道等說法的音聲。

我們在修行的時候，是從粗到細，一步步地調心。一般而言，我們即使捨離比較粗糙的物質享受，在感官上還會去攀附文化、藝術等比較細微的精神活動；而後，再調得比較細一點，才會獲得心靈上的淨化。在這整個過程裡，藝術是屬於精神的層次。

為什麼早期的佛教對於藝術的部分，總是談得不多呢？這是因為如果修行者沉迷於某一種嗜好的話，就是染心未除，不容易脫離三界。所以，我們在修養上，通常從粗慢慢調到細的過程中，必須經過藝術陶冶的階段，也就是屬於精神方面的修養，但是在佛教的修行，佛教在印度開展的時候，卻不是那麼著重這個部分，所以僧人出家後放下了物質生活，就直接到深山裡修行。

生活可以分成三個層次：物質的生活、精神的生活、宗教的生活。有些人是依循著這三個層次，一步步地捨下，比如弘一大師就是一個例子。但是有些人則從物質的生活開始，跳過精神的部分，直接就提昇到心靈的宗教生活，也就是直接從世俗的生活轉到宗教的生活，期間並沒有經過藝術精神的領域。

大乘佛教出現以後，在弘法的過程，就慢慢發展出了藝術領域，形成一個相當重要的部分。我們參加法會的時候，聽到梵唄的唱誦會很感動，因為音樂能觸動到我們的內心，雖然這個部分僅止於精神的領域，但是由此開始，若再慢慢地把心調得更細，將可以進一步提昇自我。

佛教變文圖的用途和梵唄一樣，都是為了弘法，像是極樂世界的經變圖，就是介紹極樂淨土的美宣教材。如果畫師將經變圖繪製得很莊嚴，讓人看了心生歡喜，法師在介紹極樂世界的時候，聽者就比較容易投入。有些經變圖不只是畫在牆壁上面，也可能畫在布料或紙張，如此弘法者就便於收納、攜帶及展出。雖然弘法者透過藝術來傳播佛教，但是佛教藝術的境界，則是超越於純藝術境界的。

根據初期佛教流傳下來的經典顯示，佛陀早期說法的時候，所針對的對象幾乎都是出家弟子。其中多數是為男眾宣說的，為女眾宣說的卻很少。但是，在佛陀的弟子中，女眾弟子和比丘尼僧團也很多，為什麼卻說得那麼少呢？這個現象應該跟後期集結經典的人有關，因為結集的經典主要都是比丘所聽過的，所以當時的集結者都以男性僧伽為主，比丘尼就變得沒那麼重要了。至於在家弟子，因為沒有參與經典的結集，尤其是第一次結集，所以多數經典都以出家比丘眾為主了。

就初期佛教經典來看，佛陀有時候也不贊成弟子從事藝術的相關創作；不過，我們卻看到另外一個情況，就是關於環境的設計。佛陀所弘法的地方，後來都有弟子贈送或供養可供修行的建築及林園，如竹林精舍、祇園精舍等。精舍，其實就是園林藝術的景觀設計。

佛教的景觀藝術，由於是以修行功能為主，是供出家人居住辦道所用的，所以設計風格都很簡樸，不富麗堂皇。園林的景觀，往往會保存自然環境，枝繁葉茂、綠樹成蔭，安住其中，自然會讓內心寧靜。我們從經典上常常可以看到，佛陀和弟子住在精舍時，每天都要打掃樹葉，佛陀有時候會在樹蔭下說法，一些弟子也在樹蔭下打坐，所以整個園林的設計，其實都是和修行有關係。佛教的園林設計除了是一種藝術，也是幫助修行的道場，所以氛圍莊嚴而簡樸。

佛教在印度較初期發展的時候，修道的風氣很盛，即使是藝術的設計，都趨向簡單卻不失莊嚴的風格，保有很好的自然環境。在淨土教法流行的時候，佛教已經開展到大乘佛教的時代了，這個時代比較重視藝術方面的弘法善巧，所以我們看到對極樂世界就有以金、銀等七寶來堆砌的敘述，在某種程度上，也是為了讓眾生心生嚮往，發願往生。

當佛法發展到大乘佛教的階段，講到淨土的時候，部分經典的教化重心，已從出家人轉移到廣度在家人了。所以，看到經典談到淨土的時候，可能會感覺好像比較遷就在家人的角度。如果是要教化出家人往生淨土的話，就不必去想像金、銀等七寶，或是七寶樓閣，因為對出家人而言，精舍就已經是很好的修行道場了。

對出家弟子而言，就不需要將淨土想像得這麼富麗堂皇了；但是對在家弟子來講，可能有些幫助，當想到淨土的環境如此地清淨、莊嚴的時候，自然而然就會發願前往修行了。

道場氣氛如諸上善人俱會一處

在道場用功的七天裡，有很多人在護持大家用功，他們把生活簡化到除了吃飯、睡覺、洗澡和勞務工作，還能把握剩下的時間用功修行，因為在這裡可以心無旁騖，只需要專注在用功修行上。在道場共修的七天裡，不會出現什麼障礙與挫折；如果有的話，就只是打妄念和打瞌睡而已——自己的心提不起用方法的力量。

假如排除提不起方法這項障礙的話，其實道場環境的修行氣氛營造得和淨土很相似。我們到淨土去，就是要這樣可以用功的環境。為什麼我們回到家後，或是一回到世俗生活，修行就變得一波三折而充滿很多障礙呢？從道場回到家繼續修行，就好像在這個娑婆世界用功一樣，娑婆是我們和所有眾生的共業所共同形成的世界，有太多惡業的因緣牽扯其中了，所以有很多障礙。

在我們的業報裡，惡業是很容易展現出來的，惡業一旦現前時，就會變成一種障礙。雖然我們說惡業不一定是障礙，可以在見到惡業形成時，去面對它、改進它；但是在惡業現前的時候，還是會障礙我們的用功。大家放下萬緣來道場這裡用功，無論有什麼心事，都暫且掛在大門外掛雜物的鉤子上。但是，我想應該有很多人沒有把心事掛在門外的鉤子上，而是全部都帶進道場了。有時不只帶進來，共修結束後，還繼續原封不動地帶回家去。

在道場共修，大部分的時間都可以在禪堂裡用功。除了吃飯、睡覺、休息、工作和洗澡，都在這裡用功。如果你用方法用得很好的話，會一直想進禪堂來修行的；如果你的工夫用得不怎麼好，可能就會想等到打板的最後一分鐘，才踏進來。工夫用得好的人，一吃飽飯，一做完工作，稍微休息一下，馬上就會進來用功，因為一進到禪堂，內心自然就清淨、安定。阿彌陀佛就是要設計這樣一個的世界給我們，供我們在這樣的環境裡安心修行。

我們道場舉辦共修的課程，也是要設計這樣的環境，讓大家能在繁忙的生活中透透氣，在可以安心的地方用功。在這樣的地方用功，很容易將方法用好，因為從環境就可以感覺到用功修行的氛圍，尤其是大家在一起用功的時候，更容易提起道心。

極樂世界有一個非常重要的氣氛，就是「諸上善人俱會一處」，和包括佛、菩薩、阿羅漢等不同程度的聖者一起生活、修行。你們在這裡用功的時候，我們會勉勵說，你們都是「諸上善人」，至少在這一段用功的時間裡，大家見面不會吵架。

極樂世界可親近善士且福壽多

有些同學也許在外面的時候，早就互相認識，但是感情卻不太好；可是進到道場共修時，縱使過去有再大的怨仇，大家如今都是同參、道友，都是在一起用功的同學。至少在這一段時間，要像是「諸上善人俱會一處」那樣地一起用功修行，對於對方的感覺就會不一樣，甚至在念佛用功了以後，還會覺得對方也很可愛。

我們之所以要求生淨土，就是因為在娑婆世界修行，會遇到很多障礙，而其中一個大障礙，就是我們的身體。修行雖然主要是修心，身體仍然是我們的心依止的基礎。

身體這個臭皮囊，會不斷地衰老、退化、生病、受傷，有的人因而要吃止痛藥，或著還要仰賴推拿、按摩。打坐時，如果腳痛到不能盤腿等，讓人深感困擾。身體真的很麻煩，在世時間不長，其間還要受到老、病的摧殘，最後又邁向死亡。

如果生在極樂世界，就能長壽。為什麼極樂世界的教主稱為「阿彌陀佛」呢？「阿彌陀」的其中一個意思，就是「無量壽」。不僅阿彌陀佛的壽命無量無邊，依止阿彌陀佛而居住在極樂世界的凡聖眾生們，壽命也是無量無邊，長生不老。可惜極樂世界的往生教法，這麼遲才流傳到中國，如果能早一點傳入的話，秦始皇說不定就不用千辛萬苦地去尋求什麼仙丹、仙藥了，最終長生的丹藥找不到，一樣無法避免死亡，結果還勞民傷財蓋了一座曠世大工程的秦皇陵。

南北朝時代的淨土宗祖師曇鸞，因為身體虛弱多病，想要修練仙法以求長壽，結果遇到北印度的菩提流支，向他介紹《觀無量壽佛經》。後來曇鸞就依據經典修持淨土法門，不僅成為淨土宗的祖師，最終也往生到極樂世界了，這才是真正的無量壽。如果修持長生不老的仙術，壽命最終又能延長到什麼時候呢？壽命再長，仍是有限，最後還是會有結束的一天。

事實上，並不是每一個往生到極樂世界的人都會永遠停留在此；這就好像大家來道場參加共修，無論共修時間再長，最終都會回家。如果你不回家，想要住在道場，就必須選擇出家。極樂世界當然也有一些菩薩，常住在那協助阿彌陀佛；但是也有些大菩薩到了極樂世界，修行有成不再退轉後，就回到娑婆世界或其他的世界去度化眾生。

我們現在會擔心自己若老了，拜佛就會腰痠背痛，甚至站不穩……，極樂世界完全沒有這些狀況需要擔心，甚至也不用擔心什麼時候會死，因為每個極樂的住眾都擁有無量的壽命，所以有很長的時間可以用功，專心地逐步修持。極樂世界之所以能讓人享有長壽和清淨莊嚴的環境，這些都是佛菩薩的願力，以及往生者求生淨土的願力所致，而不是因為業力。

精進止惡行善，身心無障礙

極樂世界的所有物質生活都充足，沒有任何缺欠。你們現在道場這裡共修的必備相關設施與用具，也是非常充足。因此，當你們來到道場的時候，可以全心放在修行上。如果有一天你往生到極樂世界了，也是如此，不用擔憂各種現實的生計問題。極樂世界的每天早上，天上自然會飄降曼陀羅花，拿花供養十方諸佛後，還可以趕回來吃個午餐，吃飽後就「飯後經行」。當然，這段的描述內容是根據我們這個世界的時間觀和思考方式，來告訴大家極樂世界的生活常態。在極樂世界中，不論是在生活中的哪個方面，每個作息都是與佛法相應的。

極樂世界就是這樣的一個世界，生活上沒有什麼挫折，不用擔心每個月的薪水不夠用，汽車的分期付款要繳錢，或為了賺一點外快累得半死不活。我們在娑婆世界的生活，就是有很多這樣的瑣碎雜事在牽牽扯扯，你也不能說這些都是惡業，或是不好的事，但是這些就是我們的生活樣貌。

這些現實的生活問題，會形成一種障礙把我們牽制住，用功起來就比較不那麼順暢了。除此之外，我們說人生共有八種苦：生、老、病、死、求不得、怨憎會、愛別離、五蘊熾盛，可說是苦不堪言。

相較於充滿各種痛苦的娑婆世界，極樂世界為什麼名為「極樂」呢？因為那裡「無有眾苦，但受諸樂」。在娑婆世界，唯有業隨身；但是在往生淨土的時候，是依著我們的願力前往的。極樂世界是一個杜絕罪惡的環境，縱然往生者的惡業種子煩惱習氣還在，但是不會再有機會發起造惡，更不會有痛苦的果報成熟，因為在那裡只有用功的氛圍，而沒有讓人迷惑或引起惡念的對境。

既然在極樂世界無法行惡，那過去生的惡業種子能不能消除呢？這就看自己在極樂世界修行的時候，有沒有辦法證得相當的果位來斷除惡業的種子。極樂世界的環境能幫助往生者，順暢運用修行的工夫而沒有任何障礙。往生者如果證得相當的果位，斷除了煩惱，惡業種子就會慢慢地萎縮，終至消除；反之，如果煩惱沒有完全斷除，則就回到了娑婆世界，惡業可能還是會現前。

順境中學習成長，發願回娑婆度生

如果自己修行的程度已經相當好，生活環境的狀況就不會造成問題。假設你們在這裡用功用得很好，回去各自的生活圈後，即使還有一些生活問題尚待解決，比如公司、家庭的紛爭，都可以妥善地處理。

不過，由於娑婆世界的問題比較多，對修行的限制比較大，所以還是極樂世界的環境比較適合專心修行。若是往生到極樂世界，不僅有非常充足的時間可以修行，而且根本不需要考慮到其他瑣碎的生活問題，只需要一心一意地用功就行了。

因此，我們之所以求生極樂淨土，最主要的原因就是可以讓我們很順暢地用功修行，不受任何的波折。在極樂世界的眾生，修行有成以後，可以選擇要繼續留在極樂世界協助佛菩薩度化眾生，或選擇重返娑婆世界，或前往其他的世界度化眾生，都可以自行決定。

有些人以為只要到極樂世界，就什麼問題都沒有了。然而，求生淨土，並不是要鼓勵我們去逃避此生的問題與責任。不是只要逃到極樂世界，就什麼都不用做，修行會自動成就，煩惱會自己斷除，然後所有的問題都不用負責了。佛陀並不是這樣教導我們的，求生極樂世界是要具備修行條件的，我們必須要念佛念到一心不亂才能往生。

修持淨土法門時，我們必須具備懇切的願力，真心覺得極樂世界很好，所以自己一定要前往。平時應該常常拿現實的情況做檢視，自己不論打坐、念佛，或參與其他佛學課程，都要清楚自己求生淨土的願力懇不懇切？心的懇切與否，將影響我們的修行狀態。

如果願力不懇切，在填寫修行活動的表格時，就會有所猶豫；反之，假如內心很堅定懇切，應該是一拿到表格，二話不說就馬上填寫、簽名，然後一心一意等著去共修。如果內心有所動搖，不知道自己到底要不要參加共修，即使最後勉強自己來了，心態上仍舊是三心兩意，這樣無論念了多少遍的佛號，修持起來也不會產生力量的。

求往生的願心要很懇切，修行的力量才會起來。為什麼修行用功用得不好呢？就是了脫生死的心不夠懇切，染著的心沒有予以斷除。在逐步修行的過程中，務必要調整自己的心態，以懇切的心修持，不斷地提昇自己。

淨土祖師說極樂世界是「萬修萬人去」的，大家只要認真修持，都能往生淨土；然而，祖師又說「但得見彌陀，何愁不開悟」，只要往生到極樂世界，親自見到阿彌陀佛，並獲得開導，我們自然就能開悟了。

聚集資糧

如果沒有往生到極樂世界，是否就會下地獄呢？修行是不是最後只有這兩條路可走呢？應該不是這樣的。各位現在會來道場參加禪淨共修，大概也是過去世曾經有念佛或任何相關修行的經歷，所以這一世才會來念佛。

有些人可能從來沒有聽過佛號，可是當他偶然間聽到有人在念佛，或是聽到播放佛號聲，自然而然就覺得親切，被佛號的唱誦聲所感動，於是就想要到道場來。你們會來參加修行的相關課程，或者想要去修行，不會沒有原因的。所以，我們只要認真地念佛求生淨土，根本不用擔心這一世無法達到，因為自己與阿彌陀佛、極樂世界都深具宿世的因緣。

有些祖師倡導十念法，只要每天念個十聲佛號，就可以往生極樂世界了。我們有時候會有僥倖的心理，希望可以不勞而獲，所以會想選擇用最簡單的方法來讓自己往生。事實上，這種態度反映出自己的憂慮和信心不足，自覺往生淨土好像很困難。

其實，我們不必過度擔心，這一期修行不成就，只要願力還在，修行的工夫也還在，就會一直朝著修行目標的方向前進。大家的修行方向既然都已經定位在往生極樂，差別就在於如何提昇自己的修行程度，並做努力。

念佛的時候，應當要很放心。這一期生命會遇到一些挫折，身體會面臨衰老，這些都沒關係。當我們修持淨土法門而得往生的話，就會和阿彌陀佛一樣都是「無量壽」，就代表著我們可以有很多時間繼續用功。

當你掌握到淨土法門的修行要領，覺得它很適合自己，又發了往生淨土的誓願，就要安心地用功修行，不要對世俗問題有那麼多的牽掛，這個問題放不下，又去擔心另一個問題。當自己立定了求生淨土的方向以後，只要一心一意地念佛，發願往生就可以了。

求生淨土應有的正確觀念和心態

（一）往生不等於問題解決了

我們的禪淨共修已經接近尾聲，佛號的唱誦也愈唱愈好，聽著聽著，就不禁覺得時間怎麼一下子就過去了。各位已經進入狀況，會覺得應該要再多唱一個小時，或再多坐一個小時。

這幾天一直都在談和念佛有關的一些方法、觀念。念佛法門是漢傳佛教特別推崇和提倡的法門，古往今來有很多的大德不斷地推廣這個法門，也因此讓很多人有機會修學念佛方法，並發下往生淨土的心願——這就是將念佛法門與淨土法門互相結合的法門，也就是說「修行者修持念佛的時候，是特別發願要求生淨土的」。假如不求生淨土的話，念佛就不屬於淨土法門了，而純粹只是念佛法門。

如果發願要求生淨土的話，觀念要正確、清楚，心態也要正確。我們發現有些人念佛求往生淨土，好像帶著這樣的一種觀念：「我只要往生，就一了百了，什麼事都解決了。」彷彿只要能往生到淨土，任何生活上的問題都會自動煙消雲散。如果我們抱著這種觀念的話，就代表在心態上還需要做一些調整，因為這種認知其實跟其他一般的宗教信仰，比如「求生天國」的觀念是非常相似的。

實際上，我們「求生淨土」，並不等於「求生天國」。求生天國的話，就好像是自己一去，所有生活問題就得到解決了；然而，「求生淨土」比較像是「要去大學求學」一樣，我們去淨土是去進修的；而「求生天」享受夠了，福報用完了，最終還是得離開。

輪迴本身就是個迷妄流轉的現象，我們現在是在人間，如果生天為天人，去天國住一下，福報沒了就要打回人間，有時候不只是打回人間，當一貧如洗或身負債務的時候，還會墮入地獄道、餓鬼道或畜生道去了。

（二）應抱著求學的觀念去修

我們求生淨土應該抱持求學進修的觀念來修學，畢業以後，還要回來社會為人群服務，那麼這樣的修行心態就正確了。如果你認為只要到了淨土，所有的問題都迎刃而解的話，那麼就代表你是抱持著一種厭離的消極心態來念佛的。如果有這種的心態，除了念佛以外，其他什麼事都不做，這種情況跟現在很多學生有點雷同，以為只要進了大學，就什麼問題都解決了。

有些學生認為：「只要能應付考試，進了大學，人生所有的問題就都解決了。」等進到大學裡，才發現根本不是這樣一回事，要面對的問題更多了。如果我們能認知到，進入大學只是人生的一個過程而已，在這個階段就是要求取更豐富的知識、更好的技巧與技術，讓自己能擁有專業，在謀生時能具有獨立的職能，進而把自己的力量貢獻給社會、給眾生。能夠如此，那麼你進入大學讀書的時候，心態就會不一樣了。

因為在過程中，自己會知道，除了應付考試以外，自己是為了充實知識而進大學的，這樣求學就不會只是應付考試，而能廣泛地充實、加強相關的知識，如此一來，讀書也是一種樂趣，修行當然也是如此。

（三）不排斥世間，在此聚集資糧

有些人一旦完成了學業、考完試以後，書本好像跟他有仇似地，通通都被丟到垃圾桶裡，永遠不要再見了，因為覺得自己被書本折磨了許多年。有些人修行也可能會修到這個樣子，把修行當成一種折磨；認為求生淨土，這個不能做，那個也不能做，然後就逼自己只做「念佛」這一件事，其他應當要負責的事卻什麼都不做。《阿彌陀經》中說：「不可以少善根福德因緣得生彼國。」如果要求生淨土，除了念佛以外，還必須多加充實能幫助往生淨土的福德資糧。

有些鼓勵別人往生淨土的人，他把這個世間講得比地獄還慘，然後說：「你這一輩子不念佛往生的話，下輩子一定墮到地獄，沒有任何機會了。」這樣弄得每個念佛求生淨土的人，日子都過得人心惶惶，不可終日。這就像是大人一直灌輸小孩子一些觀念：「你沒有把書讀好，考不進大學的話，你就得做乞丐了。」

真的讀不好書，就只能做乞丐嗎？有些人讀完了大學，一直找不到工作或是欠下巨款，仍然照樣當乞丐啊！還有，那些沒有受什麼教育，只靠著自己努力奮鬥，然後事業有成，也是大有人在啊！難道真的是沒讀完大學，人生的路就無法走好了嗎？這種觀念的意思好像就是說，學佛或做人只有一條路可走。

其實我們有很多路可以走，從修學佛法的角度來看，要達到解脫的話，並非只有一條路可行，淨土法門只是其中的一條路而已。為什麼我們要選擇這條路呢？淨土是佛的願力所形成的，是為了要幫助眾生能專心無虞地修行，而召集有共同願力的菩薩，建設一個良好的修行環境，讓所有想用功的人都能到「淨土學府」來好好用功修行。待修行有成以後，就可以進一步去幫助別人。我們求生淨土，就是要抱著這樣的態度，要有到淨土進修求學的自覺，然後好好地修行。往生淨土是為了充實自己，讓自己更有力量，不僅讓自己能過著自在的生活，也能幫助其他眾生，直到他們也能過著幸福安樂的生活。

實際上，能幫助自己修行而且有助於往生淨土的資糧，有能力就應當盡量去做，這樣就會覺得在生活中，其實還有很多事值得學習，值得參與，不要產生排斥世間的態度。然而，很多求生淨土的人卻認為這個世間不值得一提，或誤以為往生西方，就像是進了老人院或上了天國一樣，全都一了百了了，什麼問題通通都交給阿彌陀佛去解決。像這樣的心態，都是有問題的。

（四）往生淨土未必出三界

有些人以為只要求生淨土，就能得解脫了。有人說「往生淨土」是「橫超三界」，所謂的「三界」，就是欲界、色界、無色界。我們現在所在的是欲界，有地獄、餓鬼、畜生，相對比較好的環境，則是人間和欲界天。超越了欲界的境界再上一層，就是色界。色界，包括了初禪天、二禪天、三禪天、四禪天。色界境界再往上提昇，就是無色界，有空無邊處、識無邊處、無所有處、非想非非想處等四種天界。

有些人以為修行的次第，好像竹子裡的蟲子，牠必須一節節地從低處往高處鑽破，從欲界、色界再到無色界，然後繼續突破無色界的境界，就出三界了，這稱為「豎超三界」。其實，如果是修持淨土法門，不必爬得這麼高，只需要從旁邊跨出去就行了，這就是「橫超三界」。

我們要知道「淫心未除，不出三界」，所以不論是「橫超三界」還是「豎超三界」，真正的「出三界」其實是解脫，而解脫就是已經放下所有的執著了。

雖然「界」這個字是「空間」的意思，但是我們不要以為另外有一個空間稱為欲界，它往上有個空間稱為色界，最後再往上的空間則是無色界，這樣就好像是從這個空間爬到另一個空間，好像從一樓爬到二樓、三樓那樣。我們不要以為所謂的「界」，就是這樣的觀念。

佛法所講的「解脫」，當然也不是指從某個空間當中走出。所謂的「三界」，其實是指我們同一個內心的三種境界。我們目前雖然身處欲界，但是如果有修行者在禪修時進入初禪的話，他的心靈空間就已經在色界中，而不是另外跑到欲界以外的某一個叫作色界的地方，只要心入初禪乃至於四禪，那就是進入色界了；如果能進入非想非非想的禪定當中，他就等同處在無色界當中了。

只要仍在三界以內，就離不開因為共業所形成的各種現象，導致我們一直在輪迴生死；而凡夫自己本身也在造業，強化各種現象的現前，讓自己輪迴生死。那麼，欲界中有沒有出三界的人呢？有的。佛陀就是出了三界的聖者，另外所有的阿羅漢，包括初果須陀洹的聖者，他們都已經出三界了。然而，他們也是身在印度，跟我們一樣並未離開地球，並沒有跑到三界以外的空間。

雖然彼此的時代不同，他們距離我們已經有兩千多年了；但是他們和我們生活在同一個地球上，也同樣存在於欲界眾生所依止的地方。由於他們已經解脫了，所以他們脫離了三界，那是一種心靈的解脫，並不是跳脫到另一個叫作「出世間」的空間去，如果到那裡去的話，豈不是變成跑到外太空去了？

很多人常誤以為，往生到極樂淨土就是橫超三界，而橫超三界就等於解脫了。其實，往生到極樂淨土，並不代表已經解脫。有些凡夫的往生者，雖然已經在淨土當中了，卻還沒破我見，沒斷煩惱，染心未除盡，所以並未出三界。

雖然到了淨土不等於出三界，即使自己仍只是個未斷煩惱的凡夫，由於極樂淨土有阿彌陀佛及諸位大菩薩的護念，有良好的環境又長壽，只要持續在淨土修行，出三界是遲早的事。

（五）淨土依共願形成，分不同層次

如果已經修到出三界，證到無我了，不管證到阿羅漢果位或其他果位，或是修菩薩道，一樣可以去淨土。古德告訴我們淨土可以分成不同的層次，如果往生者沒有出三界，也就是還沒破我見，就會往生到淨土的凡聖同居土。凡聖同居土是凡夫和聖人共同居住的空間，就好像我們這個地方雖然是娑婆世界的欲界，卻也是凡聖同居土。有些聖者已經解脫、了生脫死了，他們是真正出離三界了，但是他的色身仍然還在我們所依止的這個世間顯現。所以，即使在修行上破除了我見，色身也不會不見，不會跑到外太空或另一個出世間的地方。

有人以為淨土是永恆的，我們要知道淨土也是緣起的。當大家清淨修行的共願都在的時候，淨土就會現出來。就好像大家都願意來我們這個道場修行和建設，當然道場就會愈來愈好。假如大家都需要這個道場的話，我們就會設法把它維護得更好，然後大家就可以一起在這個地方修行用功。如果大家覺得不需要這個地方的時候，一切又會不一樣了。阿彌陀佛雖然成佛許久了，仍然還在度化眾生，因為極樂淨土這個空間還是有存在的需要。

聖者才是真正的出世間者或出三界者，他們的心靈沒有絲毫汙穢，沒有流轉生死的作用，就依止在他們的淨土中。當聖者了生死，所依住的淨土是不會變的，因為那是常、樂、我、淨的境界。如果我們在修行上證得無我，出了三界，心自然依止在淨土中。如果我們以為往生到淨土自然就能解脫了，這個觀念應該要做調整。不然的話，你除了一心念佛求生淨土以外，可能就忘了還要做其他的事。

念佛念到一心不亂，它是和禪定相應的。想往生淨土必須要能念佛念到一心不亂，如果臨終的時候，佛號一提就起來，而且能持續不斷，這樣的話，在臨終的時候就會有力量。但是如果往生到極樂世界以後，還沒有破我見，就仍然還要繼續用功修行。

為什麼在極樂世界會比較容易修行呢？因為極樂世界各方面的修行條件都很順利，相對於娑婆世界是清淨的。我們現在對淨土環境的那些形容，其實是相對於我們這個穢土而言。

我們不要三心兩意地，仍想留在娑婆世界這個穢土修行。在穢土，因為大家的共業是以惡業為主，所以煩惱很容易就現前，對修行的限制極大，充滿挫折又障礙很多。我們應當發願到淨土好好用功修學。

（六）未能往生前，留一條人間路

如果抱著一種觀念，認為往生淨土就一了百了，好像我們來打一個禪七，以為就可以解決所有的問題，煩惱都斷了。這樣真的合理嗎？

各位在共修的過程中，念佛念得如何了？能一心不亂了嗎？還是仍然散心雜亂？大部分的人都是散心雜亂，有些蠻有自覺的同學，自知自己還沒有到一心不亂的程度，在道場用功，方法比較提得起來，所以願意再來道場參加共修。但是，等到共修結束，可能一走出道場大門的時候，生活瑣事又全部湧現出來了。

你們如果能永遠或者長期在道場用功，念佛念到工夫打成一片，這樣當然是很好；但是，這樣就解決你的所有問題嗎？並不一定。就好像有些孩子從小到大都倍受家長保護到進大學，等到畢業出社會的時候，就好像走到十字路口一樣，不知道自己該做什麼。為什麼會這樣呢？因為他從小到大沒有受過挫折，一切的人生發展都被家長安排好了，所以一旦走出人生的溫室，遇到不平坦的路，就不知道該怎麼走了。

我們也是這樣，還好我們在娑婆世界，已經跌跌撞撞很久了，所以會想往生到淨土。這就好像自己求學，如果從小到大不是那麼順利，有時會不及格，考試考得很差，會懂得鼓勵自己繼續努力。

像我們在娑婆世界修行，受盡了各種考驗，卻能一路堅持到底，是因為我們了解佛法的力量，也相信自己能透過修行而獲證解脫，所以無懼輪迴中遇到的各種修行逆境。我們知道自己求生淨土，其實就是要去極樂世界求學。我們現在在娑婆穢土修行，類似於半工半讀，一方面要處理世俗瑣事並承受各種痛苦，另一方面還要打起精神來用功求學，讀來更覺辛苦。

如果往生到淨土，那就是去當全職的學生了，屆時會有具格的善知識來教導自己，同時又享有安樂豐足的環境，真的是無憂無慮，沒有任何罣礙，修行一定可以有更好的進展。如果抱著這種觀念求生淨土，在用功修行的過程中，生活上就能把自己調適好，並將現實問題處理得很妥當。

有些人要求生淨土，是以為如果沒有往生到西方，就會墮入地獄，所以他逼迫自己非得往生不可。保持這樣的觀念，他們在生活中一定會出現很多問題。因為他們過度精進，反成焦急，失去一顆平衡、寬坦的心，認定自己只有一條路可以走。我們的心如果愈急躁，工夫就愈用不上去。所以，如果你們在打坐的時候，佛號如果愈念愈不得力的時候，就愈不能勉強自己用功。愈急躁，就愈是坐立不安，愈是不能把工夫用上去。

但有些人就是要把自己逼到那個死胡同去，結果把自己弄得很奇怪，整個人好像變形了。例如有些人自從修行以後，反而整個人不知道在做什麼，日常生活搞得一團糟，也無法好好跟其他人相處，應該要處理的事，應該要負的責任，都不懂得處理，也沒有心去負責。

我們修行實在不需要恐慌！只要具有佛法的正見，持續地用功修行，雖然這一期生命結束時還沒解脫，但是仍然可以往生，只是會是帶業往生，不僅惡業隨著自己往生，過去造的善業以及念佛修行的工夫也跟著一起往生。

依佛法的正見，念佛用功種善根

如果你工夫用得很好，而且在這一生中，修行的方向與目標都很明確，你還需要害怕輪迴嗎？只要依靠佛法的正見，就一定還會不斷地投生到人間繼續累積善根。你也可以發願：「如果此生命終，沒有解脫，也沒有往生到淨土，希望能再來人間，投生在有佛的世間，有佛法傳播的地方。」若有懇切的願心，這是可以辦到的。

像是有些人之所以會持誦《金剛經》，那也不是一輩子、兩輩子的事，而是百千萬劫種下的善根所致；我們現在修持念佛，也都是過去曾經種下相對應的善根所致，我們應當要持續下去，如果能這樣，我們求生淨土就一定是「已生、今生、當生」，必定往生！修行解脫道也一定是「已成就、今成就、當成就」，所以不需要過度憂慮！

進不了大學沒關係，如果自己有心求學的話，難道非得要念大學才能學到大學所教授的知識嗎？大學的用書，不是只有大學生才可以讀的，如果自己有時間、有能力，就可以自己找來研讀。除非是需要拿文憑，自己才選擇進入大學就讀。

有些人會這麼說：「我沒有考上大學，求學那麼多年，都是白讀的！」如果大學之前所受的教育都是白讀的話，你現在翻閱經典能看得懂嗎？你在知識空白的狀態下，有辦法去應對日常中的任何問題嗎？所以，否定自己過去所累積的實力，這是有問題的。

不同階段的學習，有其作用與價值

我們以前學習過的內容，難道對我們的修行完全沒有幫助嗎？生活經驗的磨練，每一項都是環環相扣的，這樣說才符合緣起的道理，我們不可能把過去都切斷，然後說：「過去都是白費了，讀了那麼多年書，對修行沒有絲毫幫助，所以我都不要了！」你真的能都不要嗎？如果讓你來一次完全的失憶，過去學過的內容都空白了，然後現在開始學佛，我們要怎麼學？

我們在人生中學習的每一個階段，都有它的作用，不要以為以前所學都沒有用，好像一點都幫不到自己！有些人以為修行就是要往生淨土，要獲得解脫，一聽到出世間法，就以為是要跑到另一個世間去，才叫作出世間，所以就拚命地往修行的路上擠。

在擠入修行路的時候，又發覺現實生活牽掛太多，卻離不開這些牽掛，該怎麼辦呢？於是自己把修行學佛和世俗事務切割開來，切得截然二分，兩頭分開跑的結果，最後卻兩頭都靠不了岸。其實生活的所有過程，很有可能就是慢慢地把你帶到學佛道路上的推手。

我們生活的一切遭遇都是一個緣起接著一個緣起，環環相扣的流轉運作，所以每一個學習的歷程，無論期間順利與否，無論是否有任何的挫折或收穫，其實都可以幫助我們對佛法有更深的體會。有很多的老菩薩雖不識字，可是若說要背經，他們能背得又快又順口，而且不會埋怨自己過去沒有機會讀書。我反而還替他們感到慶幸，因為沒有讀書，頭腦少裝一些複雜的東西，所以心思比較單純，可以很老實、專心地去背誦，而我們這些受教育的程度比他們好的人，自以為理解經典，不屑於背經的基礎功，背了三個月還背不起來，他們只需要背一個月就背好了。

在修行上，老菩薩比我們更提得起工夫，這是由於他們過去經歷所造就的條件。還有些人可能曾經遇過一些挫折，人生道路走得不怎麼順利，一接觸到佛法談論「苦」，感受就特別深，知道佛法把他的人生經歷都講了出來。所以，當他們一接觸到佛法的時候，就可以全心投入。

審查現前條件，加強修道心

其實，過去的種種經歷都能讓你的人生更加豐富，並且有助於讓自己體認修行是很重要的功課。如果你覺得過去的經歷並不重要，對修行沒有幫助，那就表示說在修行的道路上，你體會到某一個程度，還無法全心全力地投注在修行上，也就是生死心不懇切。不要以為生死心懇切是一件容易的事，真正到了要用功、要提起方法的時候，我們可能還提不起來呢！比如說，打坐的時候，一碰到腿痛，先把腳放下來再說，什麼「懇切」都忘記了，只希望這一座的禪修快點結束。

如果生死心不懇切的話，也不用緊張。工夫之所以用不上去，是因為支持用功的力量不夠，這也不需要緊張。為什麼呢？自己目前的因緣就是如此。但是要懂得去檢討、反省：「為什麼我還是用不上力？」支持我們持續用功的力量不夠，就是因為沒有打從心底切實體會解脫的重要性。

就好像我們都是迴向要往生淨土，但是假設現在阿彌陀佛就來接你了，你還不一定會想去呢！這就是往生的願還不夠懇切。但是，如果自己能持續地念佛，念到有一天，你可能會發覺自己只要一念，力量就自然生起來了。

為什麼自己的生死心不懇切呢？因為自己還有很多的罣礙，而在所有的罣礙裡，最讓我們放不下的就是自己的身體。想到往生淨土，就好像要丟下自己身體一樣，因為往生就不能帶此生的身體一起去，必須要換一個身體。很難想像失去身體該怎麼辦，因為太執著、太愛戀它了，我們對自己的色身多少都有自戀和不捨。

在修行上，如果自己還有放不下的部分，那就是染心未除；染心如果未除，那就無法出三界。無論多麼愛戀自己的色身，在往生的時候都必須放下，但是難免會擔心，放下之後又不知道會是怎麼一回事。像這樣，在知見上、慧力上和定力上都不具足，在臨終的關鍵時刻，就無法真正地放下一切。

如果我們的修行沒有到達相當程度，臨終時可能只會看到：孩子還沒有長大成人、房貸還沒繳完……，諸如此類瑣碎而放不下的事。如果真是這樣的話，自己的心和所執取的內容就更粗重了，離了生脫死的心就更遙遠了。我們必須要安住在比較深細的心，才能發現到內在的我執、我愛，也才能更進一步地放下對於自我這個最深層、細微的執著。

因為自己執著色身，導致往生的願心和修行的力道不足，即使眼前有往生淨土的機會，仍然會猶豫不決，甚至放棄。我們必須自我檢討一下，深入觀察，了解什麼原因讓自己缺乏往生的力量，然後就用方法對治。

如果「這個放不下，那個也放不下」，該怎麼辦呢？我們要「念死」，也就是觀修死亡或思惟無常。可以常常思惟：「假如我現在就死去，仍有許多的事還沒有做或尚未處理好，我還有辦法去牽掛這些事嗎？」其實，凡事自會朝著各自的因緣去運作，也輪不到自己去擔憂了，如果能這樣子想的話，應該就比較放得下了。

所謂「身後事非誰管得」，假如現在就要往生的話，你就不要再去罣礙這些放不下的東西了。我們平常還有一句俗諺是這麼說的：「活人不管死人事。」我們有時候必須要練習一下「死人不管活人事」，把自己當成死人，不去管活人的事。假設自己真的死了的話，就算自己再操心，這些事都已經輪不到自己來管了。我們要時時提醒自己，其實生命就是經歷生、老、病、死的一個過程。

迴向眾生，共成佛道

如果你是真心求生淨土的話，往生的願力就會比較懇切。如果你是真心希求解脫道的話，你的心對身體的執著也比較能放得下。當自己的心能安住的時候，對那些是是非非及瑣碎的人、事、物，都能捨離、放下，不被這些粗的妄念所干擾，不受它左右；甚至對自己很內在的執著，也開始能慢慢地放下的話，這時，你就會發覺心靈的空間愈來愈廣大，生活也愈來愈自在。

如果你要往生淨土的話，就要懂得放下，一開始的時候，發願與修行的力量不足也沒有關係，就繼續用功。只要你朝著正確的方向、目標，繼續地用功。事實上，廣義的佛法，包括了修行的理論、方式和修行所依據的道理，對於生活中遇到的各種狀況，我們應當設法去從中體會，讓自己多累積一些人生的體驗，這樣你將更能明白佛法所給予的解決問題力量，那麼你就能更加用得上去。

我們在念佛的時候，無論有沒有發願要往生淨土，淨土法門都可以幫助我們對治煩惱，提起正念與善心。念佛既可以求生淨土，也可以修習戒、定、慧。如果你可以好好地念佛，把所有的修行和人生的學習、體驗結合起來，自然就可以充分地利用這個方法，得到佛法的力量。既然要求生淨土，就要朝向往生的誓願的方向前進，同時設法隔離會阻礙修行的行為或事情，在內心裡慢慢地放下，而不是什麼都不要了。

當你的願心很懇切，而念佛的工夫也運用得很好的時候，所謂「已生、今生、當生」，那麼你今生就可以往生了，因為今生在淨土法門上的修習已經成就了，所以今生就能往生淨土。但是，如果我們還是要當生成就，在未來的某個時候往生的話，也沒有關係，一樣要繼續用功。只要你能慢慢地將工夫累積起來，就能增長修行的力量。

我們念佛之後，要迴向自己能往生到西方淨土，以此將功德凝聚起來，並朝向我們的目標發展；不僅將功德迴向自己，也應當迴向一切眾生：「願眾生皆共成佛道。」由於我們的修行不是只為了自己的安樂，而是要讓所有的眾生都離苦得樂，如果能將念佛和大乘佛教的菩薩道結合起來，最終我們念佛就能成佛了。

（二〇〇〇年十一月十二日至十九日講於太平佛教會第三屆禪淨共修開示）

下篇

禪淨共修要領

珍惜因緣

禪淨共修結合了念佛與靜坐的方法，讓大家在用功的時候，以靜坐來調心、念佛。同時，也通過念佛，使靜坐的修習加強了修行的力量。

用功修行是最大的福報

佛教告訴我們最大的福報不是來自於外在的物質，或是擁有多少錢，而是修行的福報。我們有因緣來到道場用功修行，就是我們最大的福報。假如缺少了福報，有時在最關鍵的時刻，很多意想不到的事將會成為障礙，例如雖然很多人已經報名，準備好了要來參加課程，可是在最關鍵的時刻，當障礙出現的時候，他們可能就無法進入禪堂。因此，我們能來到道場用功修行，真的是需要很大的福報。這個福報是由我們自己本身用功修行，所慢慢培植起來的，不會無緣無故地出現。你會發現有時雖然只是一個微小的因緣，只是一句話，它就觸動了你的心。為何你的心被觸動的時候，就願意來學佛修行呢？這表示它是你已經培植的福報，那粒種子早已存在。當這粒種子有肥料、水分及陽光的助緣後，它就開始發芽，然後你就會來用功修行了。這些種子其實都含藏在我們的心裡，而我們終於有讓它能發芽的條件了。

當我們獲得了這樣的福報，就要繼續地培植它。一旦有用功修行的因緣都要把握，繼續用功修行。同時，我們也應該感恩自己宿世的用功修行，才能具備了這樣的大福報。但我們必須知道，福報不是我們個人的，也是屬於其他人的，必須擁有許多監香法師、外護及外緣，才能促成我們來道場安心用功的因緣，這些都是與我們福報相應的部分。因此，我們都要對他們及種種因緣產生很深厚的感恩心。

很多時候我們的福報雖然具備了，卻可能缺乏力量，所以會生起煩惱。有些人在用功的過程中，心裡可能會產生一些煩惱，讓你生起退心。當這種狀況出現時，你一定要內思、反觀：為何自己要來用功修行？自己具備了這麼殊勝的因緣來用功修行，為什麼還會生煩惱、起退心呢？

我們在用功修行的時候，不但要時時刻刻憶念及感恩自己的福德因緣，也要感恩外在的種種因緣，促成我們能來到道場，更懂得珍惜、更有信心地用功修行，進而讓我們更加體會心的力量，讓此成為修行的一種動力。一旦信心能快速地提起，退失的心念自然而然便會消失了，這種動力將協助我們更加精進用功。你培植的修行福報愈深、愈廣的時候，你的心就愈會趨向修行的方向與目標。當心嚮往修行時，就愈能安定下來，讓心能調得更深、更細，也因此智慧不斷地增長，這是修行所形成的一種善的循環。

受持八關齋戒

我們平時是在止靜和動態中用功，它們是相互配合、相互調和的。止靜中，我們以靜坐的姿勢，用默念佛號的方法來攝心。那麼在動態中，我們是以唱誦佛號的方式來拜佛，以讓大家收攝身心。這是我們從一般佛七，或者是念佛的方法設計出來的。但在其中，我們會相當注重止靜的部分，這與一般的佛七有不同之處。

雖然一般佛七也會有一小段時間讓大家止靜念佛，但大部分時間還是以唱誦的方法調和身心。實際上，所有的方法及法門，都各有它的優勢。我們用的方法，是我們認為對調心、念佛攝心能發揮一定的作用。在這個課程裡，我們每天會做早晚課及受持八關齋戒。八關齋戒在佛教的戒律裡，有它特殊的地方。

一般而言，我們學佛後，將會皈依三寶，然後受戒。在家人受的是五戒，而出家人則有兩個階段：第一個階段是預科的部分——沙彌或沙彌尼；第二個階段是具足戒的部分——比丘或比丘尼戒。對於女眾的部分，當中再加上式叉摩那尼，或者是學法女的部分。

戒律的受持，一般上都屬於長期或盡形壽的，例如五戒。因此，此生一直到生命結束，你還是在受持著五戒。出家戒的部分——沙彌、沙彌尼或比丘、比丘尼，都是屬於長期受持的。比如有些人十八歲就受沙彌戒，但必須等到二十歲才能受比丘戒，雖然只受兩年沙彌戒，可是這是屬於長期性的。所謂的長期，就是受了戒以後，一直保持戒體不失。比如受戒後繼續保持身分直到命終的比丘、比丘尼戒，就是長期的，即所謂的盡形壽受持。所以，你只要受持一次，就是終生受持。大乘佛教的戒律——菩薩戒，它的期限則更長——盡未來際。也就是說，一旦你真正發菩提心，受了菩薩戒，那麼到你成佛為止，還是受著菩薩戒。只要你行菩薩道，就是一直保持戒體不失。

當然，有另一個情況，就是當你犯了重戒，所受持的戒律就會自動地終止。比如五戒裡的不殺生、不偷盜、不邪淫、不妄語及不飲酒戒。若犯了重戒，例如殺生戒，你殺了人，那你受持的期限就自動地終止了。另外一個情況，當你往生了，戒律也就自動地終止了。除此之外，你自己可以把戒捨掉，比如你受了五戒，雖還沒犯戒，或者是你不想再學佛或受戒了，你想把戒捨掉。雖然受戒的時候需要儀軌，但捨戒的時候很簡單。只要告訴一個聽懂你講話的人，就可以把戒捨掉了。

盡未來際受持的菩薩戒，如果沒有犯重戒或捨戒，包括這一期生命結束了，它的戒體還會保持不失。當你輪迴轉世了，再發願度眾生，這些戒律還是會繼續地維持著。所以，這些戒律都是屬於長期的，它不會自動終止，也不會自動捨除。除非符合以上所提到的因緣，戒才會終止或捨除。

體驗出家人的生活

八關齋戒之所以特殊，就在於它是有期限的，只限一日一夜或三天、七天、十天等。一天可以是二十四小時，或者十二個時辰，或者印度人所講的六時。過了一天，它的戒體就自動捨掉了。比如現在是八點，我們正式受持八關齋戒，到明天早上八點，無論你有沒有捨戒，其戒體會自動地捨掉。因此，這是比較特殊的一種情況。

八關齋戒是佛陀為在家人設計的一種類似出家人的戒律。在家人雖過著出家的生活，但它是屬於在家人受持的戒律。在家人不可能每天都過著像出家人的生活。可有些人雖然是在家的身分，但是學佛比較虔誠，希望能學習及體驗出家的生活。可是因為是在家人，有家庭、有事業，還有些在家的種種因緣，所以是無法長期過著出家的生活。因此，佛陀慈悲地為在家人制訂了八關齋戒。

八關齋戒讓在家人可以在寺院裡，學習過著類似出家人的生活，不過時間只有一日一夜。如果你想過比較長的類似生活，就必須每天重受此戒。受持八關齋戒有些方便的地方，比如你第一次受戒的時候，是跟一位出家法師受持，出家法師可能是一位比丘或比丘尼，乃至沙彌、沙彌尼，你都可以跟他受持八關齋戒。

受持及理解戒律內容以後，若你想再重受的話，可以在佛前自己受持，所以八關齋戒，其實也可以在家裡受持的。受持的方法很簡單，你先念〈懺悔偈〉，然後念三皈依，接著就念八戒。念完八戒後，你就受持八關齋戒了。如果你在家裡受持的話，在這一天中，你最好是獨自在靜室或書房內用功。

實際上，八關齋戒跟沙彌戒完全一樣，不過比沙彌戒少一條戒條。沙彌戒是十條戒，它把其中的一條分成兩條，再附加「不捉金銀戒」，八關齋戒則沒有不捉金銀戒。八關齋戒是屬於出家人的一種生活，不過比五戒更嚴格一點，因為附加三條戒，還有要求更嚴格的就是「不淫戒」。在家人可以被允許有正淫，就是有正當的夫妻生活，但受持八關齋戒卻不允許。因此，如果你在家受持的話，必須自己在靜室內用功，晚上只可以獨自睡覺。

此外，佛陀建設僧團的時候，是根據戒律來運作，所以也把持午納入出家的戒律。但因比丘、比丘尼的戒律多，它就顯得不特出。可是在沙彌、沙彌尼十戒裡，就會比較強調它。很多時候在受戒或參加課程時，我們就會制訂「過午不食戒」。由於它的形式非常明顯，我們就以為它是最重要的。其實，真正在受戒的時候，基本上每條戒都一樣重要。

我們持午以後，就是一旦過了中午，就不再享用食物。在戒律裡，稱為非時食。如果不是用餐的時間吃食物，就等於犯戒了。實際上，它是當時印度出家人的一種修行生活方式。出家人是托缽的，一天一般上只用一餐或兩餐，就是早餐和午餐。這是因為下午過後，是屬於打坐用功修行的時間，因而消耗的能量不多。所以，只要沒有很多的活動，就不需要再進食了。受持戒的時候，也不可睡在舒服的高廣大床，但可以打地鋪，或者睡在比較硬板的床。除此之外，由於出家生活是非常簡樸的，所以也不可妝扮自己，包括不塗胭脂香粉。無論南傳或北傳的出家人，都只有兩、三套衣服在對換，而且顏色差不多一樣，沒有什麼好選擇，就少掉很多的煩惱及心思。

其實，很多同學來參加生活營或者修課程的時候，都發現原來生活可以過得那麼簡單，是我們把它弄得很複雜而已。實際上，我們必須把生活的細節簡化，它不但符合出家的生活方式，也可以幫助我們攝心及更專心用功。

八關齋戒的前五條戒——不殺生、不偷盜、不淫（五戒是不邪淫）、不妄語及不飲酒，實際上在家五戒裡就有受持；其中的殺、盜、淫、妄是重戒，它們是比較內在及深入，就是比較有內涵的戒律。不妄語戒，實際上包括不兩舌及不搬弄是非。大家在課程結束後回到家裡，也要不斷地學習，甚至要盡形壽去受持。在禪修或者佛七的課程裡，我們要求大家禁語。這樣一來，大家比較容易攝心用功。

受八關齋戒的儀軌，如果大眾一起受持的時候，儀軌就稍微多一些。如果個別受持就比較簡單，你可以在佛菩薩面前自己受持。因此，八關齋戒非常特殊，它讓更多的人可以過出家的生活。在家人種下因緣以後，或許未來會有出家的因緣。出家，畢竟是修解脫道，或是行菩薩道的一個很理想的方式。很多人雖然沒有因緣出家，但是他們可以培植出家因緣。當適當的時機到了，可能他們就可以過出家的生活，然後行菩薩道。

調正姿勢

有基礎的同學，必定比較容易把工夫用上去，沒有基礎的新同學，就需要時間稍微調適。實際上，我們用功的方法很簡單，主要分成兩個部分：第一個部分是唱誦的時候，跟著唱誦的梵音來收攝身心；而在拜佛的時候，配合梵唱及佛號的節奏，以很緩慢的方式來拜佛。

由於聽的是梵音，加上監香法師們很用心地在領唱，很容易就能放鬆身心。當下的心，是平和及安定的。無論拜下去或站起來，拜佛的動作都是很緩慢、很輕鬆的，我們的身體是很放鬆的，不會緊張。所以，用這樣的方式拜佛的時候，是很簡單又很放鬆的。

另外一個部分是止靜的時候念佛，同樣也是很放鬆的，因為沒有心理的罣礙。更簡單地來說，身體就是輕輕鬆鬆地坐著而已，沒有其他的儀軌和動作。但是，這樣簡單又放鬆的方法，未必每個學生都能用得上。

我相信大家都學過了拜佛的方法，從拜下去到起身，整個過程應該是很順暢的，每個動作是相連貫，中間沒有任何的阻礙。可是，有些人拜佛的時候可能不夠放鬆，或對拜佛的動作不夠熟悉，所以拜起來總是不太順暢。

如果你不會拜佛的話，拜下去的時候，手腳會互相碰到，甚至出現錯誤的動作，比如膝蓋直接跪在地板上，結果就會很痛，或是貼地拜佛後，腳卻移來移去，結果你從原本站的位置，愈拜愈後面，腳總是往後放。拜到最後，後面的人拜下來，頭剛好拜到你的腳，兩人就撞在一起。這些都是因為不熟悉拜佛的姿勢與方法，才會出現的情況。

因此，我們要先懂得拜佛的方法。如果無法把拜佛的方法做好，就會動作不流暢，拜得很緊張，影響了你的心理。除非把方法學得很準確，不然的話，未必能把方法用得很放鬆。正規的拜佛方式是很流暢的，掌握了以後，就能拜得很輕鬆。如果拜的速度能夠放慢的話，就會更加放鬆。有些人拜佛，會追求累積大量的次數，為了快一點達到目標，心裡就有壓力，所以身心都會很緊張。

拜佛的方法很簡單，其實拜佛本身的整個過程就是一種運動，而且是全身的運動。平時有拜佛習慣的人，只要拜了約莫半個小時，身體就會出汗，這表示身體是在運動中的狀態。如果你平時很少運動，又沒有拜佛習慣的話，雖然只是一天拜半個小時，也會覺得腰痠背痛，手腳和肌肉都會痠痛。這些現象將導致你變得緊張，因而身體就會繃緊。

我們教導的方法很簡單，也很放鬆，但是修行還得看個人本身的條件。如果平時有運動或拜佛的習慣，就能感覺很輕鬆，也更容易收攝心。相反地，如果平時很少拜佛，再加上拜的方式不準確，身體就會繃緊、痠痛。身體一繃緊，心就不能放鬆，受到干擾後，當下煩惱就隨之而起。

學會享用修行的福報

我們有因緣來修行，是一種福報，而修行的過程，則是在培植福報，所以要很好地用功修行。反之，雖有福報，卻不能很好地享用，例如財富是一般世間的福報，能讓你賺很多錢，可是很多人有了錢捨不得用，把錢全部存到銀行裡，寧可繼續過著很辛苦的生活。甚至照理來說，有錢應該是快樂的，有些人反而是很苦惱的。因為他擔心錢被人偷走，要想辦法把錢藏起來，錢變成了他的負擔，也就是苦的根源。反之，有很多富翁，他們活得很快樂，因為他們懂得享用錢，用自己的福報去造福人群，給予別人一些捐助。因此，他們不必擔心財富被他人偷走，因為都拿出來捐獻了。這種人懂得享用他的財富，而能享用福報，過著快樂的生活。

因此，你要會享用財富，它才是屬於你的。不然，即使累積再多的財富，它都不是你的。有財富，也有福報，卻無法享用它。或像有些人很有口福，每一餐都享有山珍海味的食物。可是如果病了，再好吃的美食擺在眼前也吃不下，甚至吃不出它的味道，因為當下口腔分泌的口水都是苦的。所以，我們要有福報享用食物，就要有健康的身體。

當然，享用福報的方式很多種，比如純粹用在自己的身上，但這只是在消耗你的財富及福報。如果你懂得用在別人的身上，通過布施去幫助別人，就是在培植你的財富。有些人甚至根本不會享用財富，只會把錢囤積起來，直到最後死了，它就不屬於你的了。

我們擁有了福報，要更進一步懂得去享用它。同樣地，我們有因緣來修行，這是我們修行的福報。如果我們懂得享用修行的福報，它就能繼續增長，不然的話，就等於用完福報了，下一次可能就沒有因緣了。如果我們平時不用功，或者身體狀態太差，就無法把方法用好，反而造成煩惱，然後福報就消耗掉了！

無論在家自修或參加道場的共修課程，如果你常常用功，修行的因緣就愈來愈殊勝，福報會不斷地增長。培植了好的因緣，它會幫助我們朝著修行的方向前進。當你來禪堂或道場用功的時候，很容易就把心安定下來，因為你的心很嚮往要用功修行。在用功的時候，身心很放鬆，障礙就會減少。如此一來，你就能把身心收攝得更好，因而工夫就更能用上去了。

拜佛的方法很簡單，可是你能否很好地享用這福報，就要看你自己的身心條件。在身體的條件上，一方面是要健康，另一方面則是要能放鬆，也就是懂得用方法。

如果能享用修行的福報，你會發現修行是很快樂的事。如果用功修行時，你感到很苦惱，覺得修行很辛苦，那是有問題的，代表你沒有享用修行的福報，因為你的心和修行的方向、目標沒有相應。修行的過程雖然是苦的，但是修行的終極目標則是快樂。如果你修行的福報還不夠，就需要繼續地培植。

當你能享受福報，就是一種快樂，比如享受世間的財富、美味的食物。在修行時，比如拜佛或打坐，內心有喜悅、安定，就是享用了修行的福報。因此，你的心應該會快樂。修行福報的顯現，與佛法、出世間的智慧和方向有關係，你會有一種嚮往的心，當下我們的心與修行的生活相應，那就是真正地在享福。

所以，你們來用功修行，是來享福，還是來受苦？有些人說吃多一點苦，就能消業了苦，所以故意去找苦頭來吃，但那是沒用的。修行時享受福報，應該是快樂的。心裡會有一個嚮往，就是對修行方向及目標的一種嚮往。當我們修到出世間解脫的時候，那是究竟的快樂，是無法形容的，只有證到了以後，才能體會它。

如果懂得享用修行的福報，就會愈修愈快樂。在修行的過程中，之所以感覺很苦，是因為先前沒有好好地在家裡訓練身心，調和自己。甚至有些同學來參加課程時，心裡滿是苦惱，因為還有很多工作沒完成，趕工造成身體很疲憊，而無法放鬆，造成在止靜念佛的時候，就會睡著了，或是在唱誦、拜佛的時候，全身都很疲痛。當我們睡不好的話，身體一定繃緊不舒服，拜佛的時候，自然就全身痠痛了。

雖有修行的因緣，可是身體的條件不好，靜坐時腿就痛到無法形容。這就是平時沒調好身體，沒有養成打坐用功的習慣，所以不夠放鬆，一打坐就發現腿痛死了。有些人以為修行是只要人到道場來修就可以了，平常不需要用功，哪裡有這種事？本來是應該享用修行福報的，結果卻來受苦、吃苦。

修行的因緣就在當下，只要繼續堅持下去，就能把身體調好。世間的福報不能勉強而來，但是修行的福報卻可以透過堅持，慢慢地調整過來。堅持，其實就是用功應有的正確心態。

調正坐姿

如果你覺得禪修很難放鬆的話，可以試著調整坐的姿勢。想要放鬆，姿勢非常重要。當我們的身體處在最均衡的狀態時，就是把姿勢調正了，這樣自然而然就會放鬆。正確的姿勢，要先從我們的上半身來談，姿勢要坐得很正，脊椎要挺起來，上半身才能放鬆。

平時生活中的威儀展現在行、住、坐、臥，可是很多人卻是站沒站樣，坐沒坐樣。禪坐時，一定要把脊椎挺好，唯有姿勢正確，才能放鬆。正確的姿勢，其實就是自然的姿勢，才能把脊椎的骨節放在正確的位置上，達到放鬆。脊椎是由很多骨節組合起來的，你要把它放在適當的位置上。

我們身體有很多的毛病都和脊椎出問題有關，由於骨節沒放好所致，也就是脊椎的骨節放在不正確的位置上所造成。所以，在打坐的時候，就要把脊椎調正。調正的時候，我們的腰部一定是稍微往內，而背部稍微往外，接著將我們的四根手指交疊，雙手的兩個姆指輕輕地相抵，形成一個圓形，自然垂放，平置於丹田下的胯部，然後讓手肘稍微靠著身體，肩膀的部位就能放鬆。

要把腰挺起來，就必須墊高臀部。用坐墊把臀部墊高，脊椎就能很自然地挺起來。如果臀部不墊起來，你的脊椎下半部需要很用力。所以，坐的姿勢很重要，一定要把腰挺好，平時也盡量保持這個姿勢，包括吃飯的時候。

當腰一挺起來，腹部的空間就會跟著變寬，而不會擠壓到其他器官，因此感到很舒服。如果吃飯時能夠放鬆，身體就會覺得很舒服。所以，我們應該把腰挺起來吃飯，不要彎腰駝背，低頭以口就碗吃飯。如果我們經常懂得把姿勢保持好，把腰挺起來，然後肩膀放鬆，你就會很舒服，身體就容易放鬆。

我們調好身體的坐姿後，頸部要放鬆，眼睛先向前看，然後下巴內收，靠近喉部。收回來的時候，眼睛還是平視前方。頭部的這個小動作，可以用來放鬆頸部，然後再把眼睛輕輕地閉起來，舌尖輕輕地抵到上顎。

念佛用到舌頭，那是口念。我們現在是心念，所以不需要用舌頭，而把舌頭抵到上顎去，空間就會比較大。舌頭如果是往下壓，就會壓到下顎及牙齒。舌抵上顎流口水的時候，可以潤喉。我們把姿勢坐好，就能放鬆身體，心才更容易放鬆；反之，身體是觸覺，如果很緊繃的話，就會影響我們的心理，心就會因苦受而生起煩惱。

所以，打坐時要先調整姿勢，調好上半身。調好以後，確實放鬆了，然後才把佛號提起來。如果身體放鬆了，人卻還是腰痠背痛，就表示我們平時都沒有放鬆，造成在重新調整的過程當中，腰痠背痛。感到痠痛的時候，要注意身體的姿勢。如果姿勢是正的，就不要理它，讓身體自己調適，因為調整好了以後，痠痛就過去了。比方說，你們現在來拜佛的時候腳會痠痛，那是因為平時沒有運動，所以開始調整的時候，你就感到不舒服，但是只要過兩天習慣了，就沒事了。

大部分同學的上半身痠痛問題還容易處理，而且有時稍微調一下就過去了，大部分同學最苦惱的還是這雙腿。上半身要能挺起來放鬆，需要有一個穩定的下盤，也就是我們的腿腳要盤成一個三角形。如果三角形三個邊相等的話，就是最穩定的狀態，這樣就能結跏趺坐，也就是雙盤。

想要下盤保持穩定，腿要先能夠放鬆。大部分同學的腿無法放鬆，所以坐的時候會覺得有點辛苦。如果你能常常做一些拉鬆髖部和拉鬆腳筋的運動，或者養成運動的習慣，腿會比較有活力。腿的肌肉及筋骨比較鬆的話，盤腿就會盤得好一點。所以，這個福報是要靠自己去培植的。

善用身體為修行道器

想要讓腿有活力，平時要多步行、少開車、坐車。近的地方，如果能騎腳踏車，就是一種運動了。有些人不愛走路，幾步路可走到的地方也要開車，難怪腿的老化速度會提前。身體老化的時候，腿是最先老化的。腿沒有活力、老化了，打坐當然就更痠痛麻痺！

我們要好好地用腿，讓它成為我們修行的福報。打坐的時候，如果發現腿會痛，你不要難過或苦惱。你要感覺自己真的是有福報，因為有一雙會痛的腿。腿會痛，因為它是有血有肉的，如果你的腿沒有任何痛覺感受，是很危險、很麻煩的事。所以，我們要感恩自己的福報，至少還有一雙會痛的腿。

如果腿的活力不夠，如何能享用這個福報呢？我們就是不懂得享用福報，才會修行不力，既然擁有一雙好腿，為何不用它來走路或運動，以保持活力呢？比如你有財富，為什麼不用財富去幫助別人，讓它變成流動的活力呢？所以，我們最大的問題，就是不懂得享用自己的福報。結果我們把福報囤著，久而久之，它就變得愈來愈沒用了。最終，它就不再是屬於你的了。

因此，在打坐的時候，如果我們發現自己還有一雙會痛的腿，雖然痛起來很苦惱，還是要調正心態，感恩自己有一雙腿，然後提起正念，好好地去享用福報。我們要保持腿的活力，這樣我們的整體身心才會有活力。所以，腿痛時不要苦惱。它只是在傳達平時你沒有善待它的訊息。當我們知道了，就要懂得好好地運用雙腿。雖然疼痛是暫時的苦惱階段，你也要學習享用苦惱，然後把心安定下來。

我們要能很放鬆地把方法用上，也要具備享用福報的條件。這些條件是我們自己可以培植及訓練的，只是平時不懂得去用。

我們在禪堂用功的時候，要開始調整自己的身心，一方面是把身體放鬆，把姿勢調好；另外一方面，如果在過程中出現問題，它是提醒我們要調整自己的心態，用正確的心態來面對它，同時也給自己一種力量。這提醒了我們，平時沒有好好地去照顧自己，所以才會出問題。平時如果把自己照顧得好，就不會產生這些問題。如果你懂得將課程所學的學以致用，就是你的福報，就是在享用它。拜佛的時候，享用拜佛的過程，輕輕鬆鬆地、簡簡單單地拜。打坐的時候也一樣，享受此過程，輕輕鬆鬆地打坐、念佛，放鬆自己的身心。如此一來，我們就能把工夫好好地用上去。

調正心態

禪淨共修的方式，在動態的時候，是用拜佛的方法；而靜態的時候，則用靜坐的方法。在靜坐的時候，坐的姿勢很重要，當姿勢調正後，才能放鬆身體去用功。如果我們打坐在練習放鬆的時候，身體感覺很不舒服，那是因為平時沒有把身體調好，沒有放鬆。所以，即使姿勢調正了，身體的問題還是會浮現出來。

平時我們的姿勢即使沒有調正，但還是可以坐得很舒服，這是一種慣性的舒服。就像平時坐在椅子或沙發上時，整個身體靠到椅背支撐，或用彎曲的坐姿，所以不需要用力。但是這種慣性的舒服，對我們的身體沒有益處，它並不是真正的放鬆方法，不但會讓人容易疲累、昏睡，甚至會傷害脊椎的健康。因此，我們必須多加注意。

調正姿勢才能真正放鬆身體

如果我們平時都習慣了不正確的姿勢，現在要把身體調正的話，就要真正的放鬆。所以，我們需要經過一些過程做調適。在放鬆的過程中，我們必須慢慢地把不舒服的感受調整過來。如果禪坐中覺得坐得不舒服，其實那不是問題，而是平時太過虐待自己的身體，沒有讓它放鬆，做好調整。如果平時懂得放鬆、照顧好自己的身體，打坐的時候就會很舒服、很放鬆。因此，這些問題的存在就是告訴我們，若你對身體不好，等到你要用功修行、要放鬆調和的時候，身體就會有所反應，問題就浮現出來，還報於你，最後辛苦的還是你自己。所以，我們平時要盡量把身體調正，以便我們的身體得以調和、放鬆。

有些人靜坐後起身，腰或某些部位會感到很疼痛，但是當你把姿勢調正後，慢慢地痛感就會消失了。也有些人因為痛得受不了，所以不願意繼續調整。因此，問題就會一直停留在那邊，我們稱為「遺傷」，它就沒有痊癒的機會了。剛開始靜坐的時候，雖然很辛苦，必須既把姿勢調正，又要放鬆，但是一定要堅持繼續保持端正的姿勢，不要回到平時的慣性。

最初，你會覺得需要用力把腰挺起來，當你調過來後，不再需要用力把腰撐起來時，表示你的身體已經完全放鬆了，你的心也會比較容易安定下來。因此，就會感覺到真正的舒服，這種舒服是很放鬆的舒服。調身，是我們放鬆的關鍵。

身和心其實是一體

開始禪修的前幾天，大家會煩惱身體。由於坐姿不正確，身體總是痠痛麻痺。當不舒服的觸受很強時，心就會被它牽引，不但佛號不見了，煩惱也跟著生起來。有些比較精進用功的同學，在浮現問題的時候感到懊惱，因為來打佛七的前幾天沒好好用功，不是因為工作忙，而是去玩了。玩到忘了用功，這稱為「身掉」，掉悔自己在未修行時，或用功後，讓自己的身體放逸了。我們之所以會有這種心態，是因為用功的生活比較嚴肅。

當年我要出家的時候，朋友感到有一點不忍心，他說：「以後你要吃素了，所以在出家前幾天，快點買一些好吃的東西，不然你以後沒有機會吃了。」我們都有這種心理，就是要去用功或過另一種嚴格生活的時候，我們的慣性就是想放逸。

我們在用功的過程中，心很容易被身體影響，而製造很多的煩惱。如果我們能做好準備，平時用功也懂得放鬆身體，那麼打坐時就可以很快把身體調正，全身鬆鬆的。當你念佛或觀呼吸，如果身體的狀況良好、放鬆，你的心很快就收回來了。

由此可見，在用功的過程中，身體是很重要的。我們的心和身體是一體的，關係非常密切。因此，平時就要把身體調好，做任何事都要用正確的姿勢，以及放鬆身體。

對身體不染著、不厭惡

身體是不淨的，佛法也告訴我們要觀身不淨。有些修行人特別強調身體是臭皮囊，所謂的臭皮囊，就是外面一層皮包著身體裡的東西，看起來雖然比較好看，可是裡面的東西真的是不堪入目！若不相信，把我們的皮剝下來一看。哇！實在是太難看了，但這就是我們的身體啊！

雖然身體是臭皮囊，不需要理會它，可是修行需要有身體才能用功。最簡單的例子是，當在用功修行的過程中，當身體出了狀況，你放得下嗎？如果你能做到不理它，那當然很好。最糟糕的是，當我們認為它愈臭，愈不喜歡它痛時，感覺就愈明顯，我們根本沒辦法去調心。其實，當身體真的出問題時，才去照顧它、愛護它，那已經太遲了！

有些人只要有一點小毛病，就怕丟了命，找一堆醫生，吃一堆藥。甚至連醫生說他沒病，只要多喝水休息就好，但這些病人卻相信自己，多過於相信醫生，一定要醫生幫他開藥、打針。有些人則迷信花大錢看名醫，認為這樣才能把病治好。這些都是人的習性。所以，我們其實對身體又愛又恨。

我們把身體視為臭皮囊，卻不知花了多少時間在自己的身體上。我們應該對它不愛不恨，不要染著於它，但也不要討厭它。雖然「觀身不淨」，但卻不排斥或討厭它。身體不淨是事實，你不接受它，反而還用香水、服裝做美化，但又擔心太過染著於它，別人看了不舒服，我們就是處於又愛又恨的矛盾裡。

想要調好身體，平時就要有良好的飲食習慣，並懂得放鬆身體。我們必須要照顧好如此微妙的身體，卻也不能矯枉過正。太愛染於身體，有時候並無法達到預期的效果，反而形成問題。我們與身體的因緣，包括了過去的一些業報。所謂的業，就是造作的意思。我們平常有很多舉動、造作，都會形成一種業、一種力量。這些業報將招感我們的身體。如果我們造的是不善業，招感而來的身體當然就有缺陷，是不完美的。有些業不是過去帶來的，而是今生造成的。

若平時不懂得照顧身體，對身體造惡業，等到業報現前時，你就會怨恨身體干擾自己的修行。其實你應該檢討一下自己，平時有善待身體嗎？當身體感覺痠痛麻痺的時候，你要接受它，不要討厭它，也不要懊惱它，因為那是過去的業所形成的果報。過去的業已經造了，無法再改變，你要接受它，就比較能放下你的心。所以，從現在開始要造善業，要對它好、放鬆它、調和它。

調正姿勢，其實就是善待身體，對它造善業。調身體的時候還是會出現一些問題，那是因為過去的業招感的果報沒有消失，所以會浮現出來。但你不要討厭和染著於身體，因為你討厭它，就是排斥它。而如果你貪愛染著於身體，當感到痠痛麻痺時，你就會恨它，愛恨交織而起瞋心，結果弄得自己心煩意躁。

我們因為過去沒有善待自己的身體，所以招感惡報，惡報顯現時，就會感覺不舒服，痠痛麻痺。沒有關係，我們就接受它，不染著於它，好好地把身體照顧好。我們除了要調正身體、放鬆身體，也要放鬆自己的心。它要痛，就讓它痛，痠痛麻痺並不是一件壞事，能提醒我們身體目前的狀況，身體還是繃緊的，還沒有完全放鬆，或者還有些潛伏性的問題，它才會顯現這些徵兆。當我們接受果報時，如果心是放鬆的，就代表你能放下了。那麼，這些現象就會消失。

現實生活中，當你遭遇惡報的時候，要接受它，不排斥它就不會起瞋心。接受以後就放下它、放鬆它，業報才會過去。我們的業報之所以不能消失，是因為它出現的時候，我們還在繼續造業。當你的腿痛，就要安忍——安心地忍痛、放鬆地忍痛。痠痛的時候，你愈是繃緊，它愈是痠痛。所以，你要放鬆痠痛麻痺的地方，並接受它，不舒服的感覺就會慢慢消失。

當你覺得腿痛得好像快斷掉了，就想要放腿，可是等你再盤腿時，還是會痛的。放腿就是放棄了調和的工夫，就是逃避它。然而，當我們心力不足時，逃避其實也是一種方法，而且在某種程度上，忘記也是一種方法。忘記與逃避雖然都只是暫時的過程，卻有用處，是對心理的治療。

忘記，只不過是在逃避問題，不去想它，而把它蓋住而已。蓋得愈久，它的衝擊力可能就愈大。所以，忘記過後，就要懂得把它放下。有時候我們選擇逃避是不得已的，因為腿痛真的很痛，腰痠也是一樣，如果你選擇放棄或者逃避，那是你紓解的一個過程。但是，這個方法是不得已的時候方才可用，讓自己稍微紓解一下後，再稍微調一調身體，然後才把身體挺起來。

雖然不一定能完全解決腿痛腰痠的問題，但我們還是要繼續地去面對它。至少我們能逐漸學會安忍，慢慢地接受事實，最終就可以放下問題了。這樣當問題再次顯現的時候，即使身體還沒完全調整過來，而再度受到干擾，但是你的心已經產生了一些修行的功能，而能持續用功。

接受和面對個人的業報

我們明白了理論後，再從現實事相去運作方法。在運作的過程裡，你會發現以前腿一痛就起煩惱，例如生氣自己之前沒有好好地用功、監香法師不快點敲引磬、身邊的人不好好地打坐，甚至連狗吠聲、機器的雜音等小事都成問題。你把責任全都推給他們了，認為都是他們在干擾你，害你不能打坐用功。

如果你明白了這個道理，就知道所有顯現出來的都是自己的果報，都和你有關係。例如你聽到狗吠，是因為牠跟你有關係，那就是你的業報。為什麼牠偏偏要在你打坐的時候，就吠給你聽？其實，打坐的問題主要是因為自己本身不能安定，所以心就起波動了。我們可以開始先調心，因為它也是身體的一部分。我們耳根所接觸到的，也是屬於身體的部分。你若沒有耳根，就聽不到狗吠。但是我們有耳根，所以會聽到狗吠，我們有身根，所以腿痛時有觸覺。這些都是事實，你要面對它、接受它，如此就是在調心了。

所以，禪坐的狀況不佳，我們不能歸咎或生氣任何一個人，也不需要生氣及埋怨自己。有些人不敢埋怨別人，所以他就自責。如果你一直懊惱之前沒有用功，不斷自責和感到後悔，這種心理是有問題的。當我們做錯事時，有時候是因為習氣、煩惱或其他外緣，但不要歸咎於它們，乃至責怪自己，而要接受這是一個事實，然後想辦法做調整，或用方法調心，讓我們的心不要因為問題而起煩惱，這才是我們調心的工夫。

打坐時感覺腰痠腿痛，要生起慚愧心，表示自己之前沒有好好地用功，但也不要自責，而是希望自己能改進。同時，也要生起感恩心，感恩自己還有一個能調和、放鬆的血肉之軀。因為擁有了身體，我們才能用功和修行。在感恩的時候，要接受它，放下內心的煩惱。如果再有其他狀況出現，可以感恩整個道場，讓我們有機會來修行。由此可見，我們要從正面的角度調心，而不要用負面的情緒處理身心困擾，才能解決問題。

當腿或腰很不舒服時，我們可以稍微放鬆、調一調，然後再來打坐。如果能安忍的話，就繼續放鬆身體。對於疼痛的部位，我們要用正面的力量來放鬆和感恩。當你慢慢地在調心，你就愈能接受及安忍，愈來愈放鬆。你的心在調和及放鬆的時候，身體也會跟著調和、放鬆。即使你一坐下來，不到幾分鐘就痛了，可是經過一支香的時間，你的煩惱會減少很多，表示你調心的工夫開始增長了。

依正念導向正的方向

要保持正念，我們現在用的方法就是念佛。當身體感到痠痛麻痺時，你覺察後，要告訴自己不生氣，把心拉回到念佛的方法上。同樣的情況重複出現時，就再告訴自己：「我知道這個問題，我要放下它，把心拉回來。」

當心遇到問題的時候，不要從負面的角度看，或用負面的情緒對待，要用正面的角度、正面的心來了解原因，進而處理。所謂的負面就是煩惱，它含有情緒的作用，所以會干擾我們的身心。要用正面的角度去調整，就能把心調到正面的部分。例如聽到狗吠，就提起智慧，理解狗是因為被綁住了所以吠叫，牠也無法聽懂人話，並以慈悲心將念佛的功德迴向給牠。

當調不過來的時候，就要念佛，把佛號提起來。佛號一提起，我們的心就轉向正面的方向了，然後才用佛號去面對腿痛等問題。當你總是用比較正面的角度去處理它的時候，心就會開始慢慢地調過來。原本是很煩惱的心，但你從正面的角度看待問題時，就會發現實際上都不是問題，那只是當下的因緣。如此一來，你的心就會慢慢地沉靜下來，念佛時會很容易把心收攝在佛號上。

當你的心收攝在佛號上，遇到問題也能很快回到正念，心就很快能與佛相應了。佛是清淨的，而念佛是正念。你的心收攝回來以後，它就比較容易沉靜下來。在調身的過程中，實際上我們也開始在調心。調心時，不要染著於身心及境界；也不要去討厭它們。我們要用一種不愛不恨的心理，平和地接受當下顯現出來的因緣。這些因緣跟你有關係，它一定是因你的業力招感而來的果報。

你要接受果報，不能逃避。有時逃避和忘記是不得已的，因為沒有面對的心力，但這只是一個過程，你不能永遠都在逃避。所以，我們可以稍微避開一下，但是調整了之後，就要回到正規的方法來調和——念佛、觀呼吸或思惟法義。這些都是我們可以回來安住的部分，是我們長期用功時安定的地方。這時候，我們就開始調心了。

回到當下

調心的工夫與身體有直接的關係，我們在調和身體的同時，其實也在調心。一旦用方法來調身時，就會發現不調和的狀態，也就是身體沒有放鬆，但這就是我們平時的狀態。

有些同學為了放鬆而參加課程，但在調和的過程中出現了一些狀況，例如身體不舒服、心起煩惱，或者心力提不起來。這是因為平時我們靠著某種力量把問題壓著，所以需要繼續地調身、調心，更要去面對及克服它。

品嘗修行滋味，內生喜悅

我們不能讓身體的狀況影響用功，造成心很浮躁，安定不下來，例如打坐腿痛了就換腿。如此一來，就難以繼續調心，造成身心皆無法調和。

如果在打坐的前幾支香，你能堅持調心，提起心力來安忍不舒服的狀態，會發覺實際上腿痛不是問題，它也干擾不了你，而且痛的感覺也會減輕，會比較遲才出現。你可能開始坐的時候，才十分鐘就腿痛了，但隨著你的堅持，痛的感覺可能二十分鐘或半小時之後才會顯現。

因此，我們必須把身體調好。身體是比較外在的，可以直接用方法來調，但是心是比較細的，它沒有形相，而且是比較內在的，所以不容易調。要直接調心很困難，必須先把身體安定下來後，才能調心。動態的時候，用拜佛的方法來調；靜態的時候，通過打坐的方法來調。

在動態拜佛的時候，如果無法拜得很安心，那麼就得審察你的心，讓自己的心能安定下來。你將發覺你拜得愈專注，就愈能審查到身體的每個動作；或者可以選擇用耳根來用功，在監香法師唱誦的時候，你很細心、很專心地去聽聞。當你聽得愈深入、愈安定的時候，你將發覺拜佛的動作會愈加順暢。當你愈細心去觀察你在拜佛動作的時候，你的心就更容易安定下來。當心收攝了，你就可以拜出味道，發現除了打坐的味道，拜佛原來也有它個別的味道。

所謂的拜出味道，就是你嘗到了拜佛的好處，心就能更安定下來。在拜的過程中，你將發現內心的喜悅逐步地生起。無論在拜佛、打坐，或者在用方法的時候，如果能嘗到這種味道，那就是內心的喜悅，這是協助你產生想更深入去用功的一種力量。

有些人在用功打坐的時候，會愈坐愈煩，然後就想要離開。有些人雖然想走，可是家人、同事都知道自己請假來用功，如果半途退出會沒面子，於是就咬緊牙根，忍下來用功。可是每天都度日如年，實在辛苦！只要一有機會，就想盡量離開禪堂到外面用功，以脫離苦海啊！

但是，如果你在打坐用功的時候，已經品嘗到味道了，你的心就會一直專注在禪堂裡面。因此，在用功的時候，要很清楚你的心是在禪堂裡面或外面。如果是在外面的話，表示你還沒有品嘗到味道，心一直想往外跑。當你慢慢地品嘗到用功修行的味道了，內心就會感到喜悅，這種喜悅不是外來的，它不是感官去接觸外境而生起的作用，是你內在的感受。

調好身心，才能和方法相應

當我們在用方法時，不管是拜佛、念佛、打坐，如果心一直想往內在的方向去用功，而且力量愈來愈強，就表示你和方法愈來愈相應，你會發覺自己真的是從中受益了。我們在用方法的時候，首先要調身，同時也一定要調心，才能安定下來。如果你能面對當下的因緣，不管身體出現任何狀況，都能接受、安忍，你的心就能安定下來，而且有了這種喜悅後，身體即使出現不舒服的情況，你都不會覺得有問題。

調心了以後，心的力量會慢慢加強，進而影響我們的身體。心一放鬆，身體就會跟著一起放鬆；身體一放鬆，很多問題就慢慢開始消失了。於是，接著幾天的每一支香，你都能坐得很安穩。有時候甚至發現，它已經不是問題了，可以繼續地用功。這是我們在調身的時候，必須要面對的身體狀況。

身體姿勢調好了以後，就可以開始用方法。所謂的「禪淨共修」，在「淨」的部分，雖然是用念佛的方法，但是如果比較習慣觀呼吸、數呼吸的禪修方法，也可以繼續使用。

提起心力，不再輪迴

調心與方法有著密不可分的關係。當身體調好了以後，如果佛號提不起來，或者無論如何就是無法觀呼吸、數呼吸。其實，這並非身體的問題，而是心的問題。

心的問題就是心中妄念很多，一坐下來用功，佛號還沒提起來，前幾天發生的事就先浮現出來了。妄念使你的心無法安住在當下的因緣，它住在過去和未來。每個人的妄念很多，甚至有時候會加入其他的想法，它都是我們造的業。

妄念是我們過去所造作的業，從而留在心裡的影像。佛教唯識學把心形容成一塊田，稱為八識田。當我們用功的時候，心田裡的影像就會變成果報顯現出來。有時候，過去的美好影像會讓人很開心，而當打坐覺得身體很痛時，就會想把美麗的回憶延伸到未來，來覆蓋身體疼痛的感覺，本來只是過去的回憶，再加上你現在想要的很多東西，甚至期盼未來的果報，結果在過程中，妄念就自然跟著多了起來。

如此一來，過去的妄念、現在的造作，以及跟未來的期盼便不斷循環，這就是三世輪迴。心的妄念，實際上就是一種輪迴。我們最大的苦是輪迴苦。從心裡產生了輪迴以後，它就會形成身體的輪迴，接著是生命的輪迴。我們的妄念，實際上就是輪迴的力量。

輪迴的力量既帶著我們的身心，也帶著我們的生命，一直輪迴到身體捨報的時候。身體是形和壽，盡了形壽後，輪迴的力量還未結束，就會含藏在你的心裡。心要輪迴的時候，需藉助身體來輪迴。而當身體死亡的時候，心就會再去攀另外的色法，以繼續輪迴。

我們在打坐的時候，可以看到了心的輪迴，明白一期一期的生命是如何輪迴的。在打坐的時候，本來是要安住在當下，卻無法安住，這就是因為心在輪迴，其實心就是輪迴的力量。我們可以審察心何時出現，但卻無法斷除，只能隨著走，因此心也無法安定下來。雖然學佛、念佛、打坐修行一段時間了，但與輪迴的力量相比，修行的力量還是比較弱，提不起心力來；或者提起來了，當輪迴的作用一浮現，又被推翻了。在輪迴的過程中，我們會添加種種煩惱，被過去的事擾亂了心。

我們會染著好的，而排斥不好的，因而就起貪和瞋的心。

貪和瞋其實是一體的。我們對自己本身的心，也是又愛又恨。這些都是愛染的作用，也就是情感上的迷惑。我們這愛染的心，會很深地染著於生命及自我。因此，就會有我所愛或所恨的東西。很多時候愛之愈深就恨之愈切，讓我們在過程中形成輪迴。這種迷惑的力量很強大，如果沒有用功，輪迴的浪潮會將我們打翻。

回到當下，提起方法

當一發現心被妄念帶走時，就要快點再把佛號提起來。要不斷把自己的心，從過去跟未來的輪迴中，收回到佛號上，通過佛號來收攝心，把心安住在當下。這樣一來，我們才能更深一層地察覺當下的真實情況，才可能得到解脫。在我們還無法做到時，就是跟著輪迴的力量一直轉。如果能真正用功的話，這個方法就有用。

修行的方法，就是要先回到現在。但現在依然會連貫過去和未來。所以，我們要讓它安住在當下，也就是每個剎那的因緣裡，它是我們整個身心的因緣。我們要對它了了分明，才能真正安定，這才是止或定的工夫。

我們在用方法的時候，要不斷地一直回到當下，比如拜佛的時候，要很細心地一面觀察自己的動作，一面聽佛號。在唱誦的時候，你的耳根接觸到了佛號，這是聽聞，而你的心就一直不斷地在這個過程中收攝。但是，我們開始用方法的時候，會比較粗淺，無法一下子用得那麼深細。因此，我們要用拜佛的方法先幫助自己來調身。

剛開始用功的時候，心會充滿很多罣礙，而觀不到呼吸或佛號。但是經過多次的練習，你會發覺心慢慢地不會被妄念拉走，而能安住於當下，安住於佛號或呼吸。

「念」是「今」和「心」，而「今」指現在。「念」也就是放下過去和未來的心。有時候我們念字會加一個口，口念是「唸」出來的聲音。心念的話，是心的作用，即是當下的心和佛相應，稱為念佛。因此，念佛號可以幫助把心收攝，安住在當下。

數呼吸幫助收攝身心

當我們在觀呼吸時，心就住在吸、呼的過程，也就是念這個息。為了將息念得更好，就用數呼吸的方法來做為輔助。

我們在用呼吸的方法時，它是借用身體的過程。呼吸是身根的一種作用，而身根是整個身體的觸覺作用。我們的整個身體稱為根身，根身裡含有眼、耳、鼻、舌、身五種根。根的作用是能生長，所以當根接觸到外境的時候，就會生起種種了別的作用。

我們在念《心經》的時候，談到第六根意根，意根即是意識，意根所緣的是法塵。至於五種感覺器官在根身：眼根、耳根、鼻根、舌根、身根，它們都有各別的作用，所緣的境是色、聲、香、味、觸五塵。

我們現在用呼吸的方法，呼吸是從鼻子進出，但它不是鼻根的作用，因為鼻根的作用是嗅覺。嗅到香味就喜歡，但嗅到臭味就不喜悅。我們用呼吸的方法，其實是用觸覺。呼吸進出鼻子的時候，不一定有香味，但是經過鼻腔會有觸覺。有些人比較敏感，在呼吸的時候，他就可以觸覺到氣的流動。

身心和呼吸到了某個階段的調和與放鬆後，心就能安定下來。當觸覺到呼吸，我們的心就慢慢地收攝，這是覺知呼吸的一種狀態。但我們的心很容易輪迴，有時候心比較粗或妄念比較強，不容易安住，就很容易跑掉。所以，我們就要繼續把心收回來，這時候呼吸必須要自然。

有些人察覺不到觸覺，也就是對於呼吸的覺知，所以可能會控制呼吸，把呼吸弄到很粗。這樣一來，整個身體就無法放鬆，變得緊繃起來，導致心不能調和，也隨之變得粗糙。因此，使用呼吸方法的時候，先要放鬆身體，讓呼吸自然地進出。其實，我們平時的呼吸是自然的，當放鬆身體的時候，呼吸就會比較細。

心察覺到自然的呼吸以後，就能安住下來。我們就一直守著它，很清楚地注意呼吸的進出。身體放鬆了以後，呼吸比較自然時，它其實不會很粗。為了更清楚地把心安住在呼吸上，我們用數呼吸的方法，就是呼出去的時候，就數一、數二、數三……，用一到十的數目字來提醒我們，心要放在呼吸上。

不斷地重複練習，可以加強覺照的作用，我們的心就愈來愈能收攝，它就能安穩地安住在呼吸上，這是數呼吸的方法。對打坐來說，這是很好用的方法。它可以收攝身心，讓心進入到止或統一的狀態。但是，我們需要放鬆身體、調和呼吸，這樣才能進入。

數呼吸的方法如果用得很好的時候，你就會發覺心跟呼吸可以結合在一起。這時你把數目字放下，就能「隨」著呼吸。因此，能很清楚地覺知心跟呼吸是在一起的。慢慢地，心就能「止」於一境，就達到所謂一心的狀態，這是數呼吸的方法。

每個人根身的敏銳度不同

我們現在所學的方法，是直接進入內心去念佛。在念佛的時候，佛號會轉成心裡的一種聲音作用。在我們心裡，意識所緣的法塵，其實就是各種的念，包括了過去、現在及未來連貫起來的妄念，不分好壞全部都在裡面。其實心念是非常細的，在一彈指中，就有很多念頭出現在我們的心裡。但是如果我們沒有用功的話，是無法察覺出這些心念的，我們在一般生活中可以察覺到的，都是很粗的念。所謂的很粗，就是由很多心念組合起來，變成一個很明顯的影像後，我們才終於察覺到它。我們心裡想的東西，有些是有影像的形相，有些則是聲音等。我們比較不容易察覺的，是鼻根和舌根等比較細微的作用。

平時你的鼻根，如果沒有嗅到香味時，心裡會留有香味的印象嗎？或是平時舌根沒有觸到酸、甜、苦、辣、鹹的味道時，心裡會留有印象嗎？有些人不會有，但喜歡品茶的人或是美食專家，他們的心裡就會留有這些印象。當一接觸到東西，他們就知道它的味道；或者一看到某種東西的時候，心裡就會有一個印象。我們看到東西的時候，可能就只是色塵，沒有什麼特別的感覺，可是他們一看到時，舌根就已經開始運作了。

當我們嗅到酸味時，舌根也會感到酸酸的，比如聞到檸檬的味道，就會分泌口水。我們的鼻根跟舌根，會連鎖產生味覺。酸、甜、苦、辣、鹹都是味道，而辣味卻不是從味道而來的，它是一種觸覺。我們吃辣以後，受了刺激，再去嘗別的食物就沒有什麼味道了，因為舌根已經發麻了。

用鼻根來修行的人，是香道。有些人的鼻根特別敏銳，遠遠嗅到香氣的時候，就可以分辨是哪一種香。我們的鼻根和舌根作用，彼此之間是相應的，但因為這種作用比較微細，所以平時不太會去注意它。

有些人的鼻根和舌根特別敏銳，甚至有時一接觸到，心裡就會有個影像，知道是什麼東西的香氣或味道。那些品茶的人，茶一入口就知道茶好不好。有些甚至通過他對茶的印象或記憶，就可以知道是什麼茶、多少年的茶，甚至是什麼地方出產的茶。

比如茶藝比賽，中國茶有幾千種，參賽者通過品、看、嗅，在最短的時間就知道是什麼茶，實在很不簡單。把茶煮成茶湯後，把茶葉拿掉繼續煮，參賽者一靠過去，就知道是什麼地方出產的茶。甚至連只放一點點茶跟粥一起煮，也能知道是用什麼茶煮的粥。因為他們都下了很深的工夫，這些舌根所品的味道，鼻根所品的香氣，印象已經深深印烙在他們的心裡。

以五根來說，一般人的鼻根和舌根比較沒有那麼強，很多都是眼根、耳根和身根比較敏銳。但身根有時候也不是很強，例如現在打坐的時候，感覺很痛，可是腿一放下來的時候，痛感就過去了。所以，回家以後，無法對沒有打坐過的人形容禪坐的腿痛感覺，那是因為別人沒有體驗過你的感覺。實際上，當你形容的時候，自己也已經沒有那個感覺了。

在出現痛的觸覺時，我們才會覺得很痛苦。我們的心念其實並不敏銳，也就是說記憶並沒有那麼深，只是知道它痛而已，但無法形容。不過，我們對於看過的東西和聽到的聲音會比較有印象、比較能印入我們的心。因此，我們在用功的時候，用呼吸的方法——身根的觸覺，這是一個方法，而鼻根、舌根是很少用的。

除此之外，用眼根，比如說觀像念佛，就是觀著佛像來念佛，慢慢地把眼睛閉起來，然後把佛像的影子不斷地印到心裡去，讓佛像最終顯現出來，這稱為念佛三昧，也就是觀像觀到成就了，在心裡能真正地看到佛像。

持名念佛用耳根切入

我們現在用的念佛方法，不是觀像念佛，而是持名念佛。持名念佛是一直不斷地念佛，讓聲音從耳根切入，用聲音慢慢地打入我們的心。我們一直不斷地在聽念佛的聲音，打坐的時候，心裡自然會有聲音慢慢地浮現出來。但有時候由於心的力量不夠，浮現出來的，竟然是你聽過的歌。

最理想的是，自己念佛號、自己聽，然後跟大眾一起念、一起聽。念久了以後，我們發覺它是有用的。有些人喜歡唱念，因為唱念有音樂的旋律，聽起來可讓心裡更加容易安定。念佛可用四字或六字，四字的是「阿彌陀佛」，六字的是「南無阿彌陀佛」，念佛念得很熟了，常常心裡念，口也在念，就會發現非常有用，像是遇到危險時，一聲「阿彌陀佛」就出來了！

如果你們晚上做惡夢，被鬼追時能馬上就想到「阿彌陀佛」，或有其他種種的惡夢來，你第一個念想起來的就是佛，就表示念佛的工夫已經進入你的心。你的心裡有影像，是因為有念，它就會生起來。我們用功調心的一個方法，就是保持正念。不管是念佛或數呼吸的方法，都是正念，我們常常念佛的話，用聲音進入我們的心，然後在心裡保持這個念。如此一來，佛號很容易生起來，也就很容易提起正念了。

有時候自己念佛，並不會發出聲音，而是直接把聲音發到我們的心裡；而我們跟大眾一起念佛時，是以口發出聲音以後，再通過耳根進到心裡。因此，要直接把聲音通過心念傳到我們的心，這個方法實際上不是很容易用的。念佛的時候，其實要提起佛號來不太容易。除了常常念佛，在拜佛的時候，也是用念佛來加強你對佛號的吸收及熏習。

熏習久了以後，打坐會發覺剛剛念佛的聲音，很快就進入內心。有時候我們把方法簡化到只是念著佛號，「阿彌陀佛、阿彌陀佛……」這樣子念，就是沒有旋律的。如果你這樣念的話，方法就愈來愈簡單。

有些人用旋律唱誦一段時間以後，就可以放下。有些人雖然只是一直保持唱誦的方式，卻可以用到一心不亂。當念到你的心跟佛號完全相應了，那麼心就是佛，佛就是心。你的心每一念都是佛，佛的聖號不離你的心，你也念到一心不亂，就如《阿彌陀經》所說。

數念佛號持續不斷

當念佛的方法簡化到只有念四字洪名：阿彌陀佛，雖然很簡單，但有時其實不太容易用，有念好像沒念，因為妄念太多，會干擾或影響你念佛的作用，這時可以加上數目字。你念「阿彌陀佛」，然後數一個數目一；念「阿彌陀佛」，數二；念「阿彌陀佛」，數三，這樣數到十後，再回來重新數數目字。

數一、二、三的數目字，是為了幫助你提起覺照的心，讓你知道現在正在念佛。「阿彌陀佛一、阿彌陀佛二……」，念到你發覺心和佛號愈來愈靠近了，然後心和佛號相應了，你就可以把數目字放下。這個時候就是「阿彌陀佛、阿彌陀佛、阿彌陀佛……」，如此不中斷。我們平時開始念佛，當中可能會中斷卻不自知，所以數目字就是幫助我們當佛號中斷了，可以覺察到而再提起佛號來。如果你能從「阿彌陀佛一」一直念到「阿彌陀佛十」，就表示這十聲的佛號，你都沒中斷過。

每一輪十個佛號，你都清清楚楚的，念佛的心就會愈來愈穩定，直到不再中斷了，再把數目字放下，佛號就能成片。當然，如果你念得很穩，不會中斷了，也可以繼續用你的方法，就是保持念佛。如果你喜歡唱誦的方法，在打坐的時候，也可以使用它，因為有些人比較喜歡音樂的旋律。我們拜佛念佛，或在繞佛的時候唱誦的佛號，都可以使用它，主要是你能提起佛號，時時刻刻把心安住在佛號的當下。

每個人相應的修行方法不太一樣，可以選一個自己最相應的，能一念起來就讓心安住下來的方法，就繼續使用。調心的方法要先面對妄念，但不用理會，繼續放鬆，一察覺到出現妄念，就回到佛號。透過訓練，我們念佛的心及正念會愈來愈強，而妄念、雜念則會愈來愈少。因此，我們的心就愈來愈凝聚，愈來愈能安住在當下，這是我們調心的方法。

淨化內心

修定的原理很簡單，只要你能用一個方法，把心止於一境，就能達到效果了。雖說每個人的情況不一樣，但只要某個方法能讓你把心收攝，你就專注在那個方法或意境上，讓它幫助你調心，止於一境。

所謂止於一境，是有深淺之分的。有些人在某個領域裡投入很多心血，或已有特殊成就的人，當他們在進行研究或工作時，由於是處在自己擅長的領域，所以心態可以達到某種程度的止的狀態，否則不能有如此深入的體會。

一般來說，我們都有某種程度的止境。如果我們對某些事物特別感興趣的話，它就能幫助我們把心寄託在興趣上，讓心安定下來。當然，這個境界不會太深，如果你懂得發揮它，它就能有強大的力量。因此，只要我們能制心一處，就無事不辦，也就是可以承辦很多你想要做的事。所以，當你發現某個方法、某個境界或是某個外緣，能幫助你把心定在那個境界上時，它就是你修定的方法了。

明辨心理，止惡行善

我們也知道在心所法，即是心理功能裡，「定」被歸納於「別境」。「別境」的意思是指特殊境界的心理狀態，即是說你的心能因某一些東西而能安止下來，能維持專心，這個就是定。在世間法上，當五根接觸五塵，我們的興趣往往會和這些外塵有關係。五塵能引發我們的興趣，讓人專注，但是這個「別境」的心所法，可以是善，也可以是惡的，它通三性。換言之，定可以是善法的定，也可能是惡法的定，或是中性的定。所謂的中性，就是你只是止於一境，它沒有善惡之分。

當一些人對某些事物，興趣特別濃厚時，他會對此事很投入，甚至達到某種程度的定。然而，它可能與煩惱或惡法相應。例如有些惡人同樣也達到類似的定境，否則不會想出那麼多我們無法想像的手法。那些犯罪的人確實很高明，可惜他們的定境，卻與煩惱相應，做出的事是傷害他人的。

很多孩子沉迷於電腦的虛擬世界，確實讓很多父母頭痛。其實，電腦本身只是一個傳播資訊的工具，它並沒有好壞之分，得靠大家的抉擇力去分辨。很多年輕人可以在電腦前持續坐上八到十個小時，不吃飯也不睡覺，你說這是不是有一點定的工夫呢？

在我們的心裡，人人有不同的心所法。至於別境心所法、遍行心所法及不定心所法，它們皆可通三性：善、惡、無記。但是，有兩組心所法是確定的：一是善心所法，二是惡心所法。惡心所法，又稱為煩惱心所法，它包括了「根本煩惱」：貪、瞋、癡、慢、疑與五種不正見。依附在根本煩惱上而隨著它延伸出來的，即是「隨煩惱」。「隨煩惱」有輕重之分，有「大隨」、「中隨」及「小隨」。至於善、惡兩組的心所法是確定的，比如貪、瞋、癡是煩惱心所法，和它們相對的善心所法，就是無貪、無瞋、無癡。

煩惱心所法與善心所法，是很顯然地性質分明。還有另外幾類心所法是通三性，即是說這些心所法生起時，若跟善心所法相應，它就是通善的。反之，若它與煩惱心所法相應，它就是通煩惱的，所以說它通三性。這就好比電腦本身，沒有好壞之分，都通三性。如果你用它來達到研究或得到某些精神上、知識上的提昇，或幫助別人，所獲得的資訊皆屬於善的，它就是善心所法。如果你吸收的資訊都是有問題的，讓你起煩惱、造惡業，而且沉迷不悟，那它就是屬於惡心所法。因此，在選用方法以達到某種程度的定或止於一境後，我們要注意這個定是和善心所法或惡心所法相應。

我們要培養信心和慈悲心，並且無貪、無瞋、無癡。除此之外，我們還要啟發慚愧心及其他善心所法，以讓我們的定能與善心相應。我們在學習佛法的時候，先要懂得一些教理，以引導我們止惡行善。這樣一來，才能把心理功能分析得更加仔細，這就是佛教心理學。

心理學有一部分是初期的，一些部派佛教的論典裡就談到，還有些在大乘佛教的唯識學系統裡，也有提到有關心理的運作。這主要是讓我們能分辨清楚，當心生起念頭或心理顯現功能時，立刻分辨它是善或不善。如果它會傷害到別人或自己，就屬於煩惱、不善的；如果是想幫助別人，那它就是修養，屬於善的。經過如此分辨之後，我們才能在用功的過程中，把心愈調愈細。

當我們的心愈來愈專注的時候，會留意到心理其實是一個流動的過程，它不斷地生滅、生滅。在整個生滅的過程中，這些心理作用就會一直不斷地顯現。因此，我們會比較清楚地看到自己心理產生的功能。如果我們不懂得分辨功能，或在還未達到較細的心理狀態前，就無法看清楚情況，而往煩惱的方向前進。如果能察覺到內心的變化，是貪、瞋或傲慢，這樣一來，我們就會知道這種心理生起時，不但會傷害別人，也會傷害自己和擾亂自心，就會盡量地減輕它。

我們有分辨善惡的能力，最明顯的是，我們知道殺、盜、淫、妄是不好的。當善的心理生起時，我們會去行善，做很多好事幫助別人。其實，我們不但會傷害別人，往往也在不知不覺中傷害自己，例如讓情緒波動得很厲害，或陷入心理的病態如憂鬱症，沒把自己的身體照顧好等。當我們在傷害自己或別人的時候，知道是不好的。這是從心理作用顯現在外表的一種行為，一旦顯現就看得出來。

戒律是保護我們的行為

我們學佛是從止惡行善開始，即是從外在的行為造作下手。所以，我們要守戒：不殺生、不偷盜、不邪淫、不妄語、不飲酒。這些戒是在保護我們，不造作惡業而傷害別人或自己。戒律就是保護我們的行為不會出軌，它的功能就像一張保護網，如果我們破壞了網走出去，那就是犯錯。

戒的第一個功能就是止惡，幫助我們守住身心的行為，不去造惡。它比較外在，可以看得出來的，比如我們拿著刀槍和木棍去打人，或是以惡口罵人，使對方聽了難受，這些都是外在的。可是，有時候我們沒拿武器，同樣也在傷害別人，比如心裡動念要如何對付別人，那就屬於內在的，只是罵人沒罵出口，在戒律的意義上是沒有犯戒的，因為我們守的戒律是屬於行為上的。

行為上的犯戒，要具備五個條件，例如殺生，你要先動一個念頭要殺生，然後你以行動去殺生，確定你所殺的是生命，之後你通過手法去殺它，結果真的殺死了。當具足了這五個條件，你就犯戒，造惡業了。由此可知，守戒其實不難，因為只有在五個條件都具足下，你才算是犯戒，如果條件不具足的話，你就不算犯戒。比如你心裡想要殺人，可是沒有真的行動，那就沒事。

在聲聞戒裡，只要不把想法表現在行為上，那就沒有犯戒。但是從修行的角度來看，它是犯戒了。因為當我們想要去傷別人的時候，比如罵粗話，實際上就已經先傷到自己的心。

從更深一層修定、修慧或菩薩戒的角度來看，這是犯戒的。菩薩戒是以心為戒，而聲聞戒卻以身、口為戒。舉一個例子，以殺生來說，殺人算犯重戒，而最嚴重的就是殺父母，你不可能殺到佛，但可能會用一些東西來傷害佛，如故意去破壞佛像，再者，殺聖人或傷害修行有成就的人也是犯重戒。

雖然我們不敢殺人，但卻殺害其他眾生，這也是犯殺生戒，只是它有輕重之分。靈性愈高、體型愈大的有情，若我們殺了，業就愈重；靈性很低、體型很小的有情，相對地，業就輕微。大多數的人受戒，都會犯輕微的戒，至於重戒，相信我們大部分人都可以守得住。

守戒並不困難，但你說它容易，它又真的很難，若要守到滴水不漏，是不太可能。弘一大師是近代或歷代以來守戒最嚴密的律師，他也說他犯了五戒。試想一下，我們怎麼可能會不犯戒呢？但只要是輕微的，就可以懺悔。

持戒的精神是護生

我們要謹記，佛教的戒律與觀念是護生，也就是愛護生命，但不是放生。放生是最不得已的行為，比如一隻動物被捕或被關時，有生命危險了，我們就去買牠，把牠放了，這是不得已，因為我們要保護牠的生命。可是，我們現在的放生，是專程買來放的，而且是大量地買，以讓場面壯觀，例如要放鳥，就買幾千隻鳥。

這就是為什麼我們佛教的放生，常常會被其他宗教信仰者取笑了。我們平常不可能買幾千條的魚和幾千隻的鳥，都要事前通知魚店、鳥商，他們才會特地去捕捉一堆動物來讓人放生。甚至還有一個情況，當你在上游把魚兒放生的時候，下游早就有人張網捕魚了。然後放生的人說：「我放生，是我的功德；他捕魚，是他的罪惡。」像這樣放生的人還是佛教徒嗎？怎麼可以把自己的功德建立在別人的罪惡上？所以，放生不是這樣放的。

此外，放生的時候，無論是直接把魚放入水裡，或把鳥放入森林裡，都是不對的，這是破壞自然生態，會導致很多的生態問題。

佛陀很早就有護生的觀念，以不殺生的觀念來保護生態，讓大家能相安共處。我們應該守好不殺生戒，盡量愛護生命，不要生起傷害動物的心理。我們之所以會去做這種事，都是從心裡起瞋心後，才會有這些行為。如果你把心慢慢地調得清淨的話，就會生起愛護動物的心。

護生如果要做得更好，就要觀照內在的動機，是否動了要傷害動物的念。如果你能在念頭一生起時有所覺察，不讓它繼續發展，如此一來，就不會變成具體的行為。所以，如果我們的心是清淨的，就能減少殺生。戒律的其他行為也是一樣，在你起心動念時，要及時發現它而不去犯戒。雖然這很輕微，但你想做得更好，就不要讓它生起來。

在菩薩戒裡，犯什麼戒最嚴重？對聲聞戒而言，是殺、盜、淫、妄，因為會表現出傷害別人的行為。犯菩薩戒最嚴重的是退失菩提心。當你的菩提心一退，菩薩戒就沒有了。當你的菩提心生起，菩薩戒就一直保持著，因為它是盡未來際的，所以不會終止。只有當你犯了戒的時候，它才終止，但可以重受菩薩戒，再發菩提心。

菩薩戒是講心戒的部分，比較嚴重的犯戒有以下四種，即是生起瞋心、嫉妒心、傲慢心及慳吝心。瞋心會傷害別人。傲慢心使你不能進步，原因有二：一是覺得自己很棒了，其他人都比不上，所以不用再學了；二是傲慢心會使人更精進，但目的是為了表現給別人看，讓別人知道自己很棒。嫉妒心很可怕，結合了貪、瞋、癡、慢的煩惱，很容易傷害別人。我們之所以會傷害別人，都是源自嫉妒心。

慳吝是指吝嗇、貪婪而不願施捨，在菩薩戒屬犯戒。所以，我們不可獨自享樂，而要眾樂。當你發現佛法很好，就要和別人分享這份快樂，這樣才符合菩薩道的修行。因此，如果我們擁有一些財富、知識或佛法，就不要慳吝與大家分享它的利益。

有些人因持有權威的觀念，無法把心放寬，但在修學佛法裡就不同了。古往今來，我們的祖師大德、聖者，他們都是毫無保留地把所懂的知識全部布施出來。例如佛陀覺悟了以後，說法四十九年，一直教到最後一刻，甚至要涅槃了，還在關心學生是否還有什麼問題不明白的。直到學生都沒有問題了，他就交代他們修行要依法為師、以戒為師。交代完畢後，佛陀才放心地入涅槃。

所有佛菩薩、祖師大德在教學時，是完全沒有保留的。他們不論懂得多少，都願意奉獻出來，這就是菩薩精神。在學習的過程中，修止、修定是從外在修到內在的一個過程。比較外在的行為，從戒律上或其他的善行，都可以看到。然而，這些行為是根據心理來操作的，這一點更加重要，比如有人行善，如果動機是有問題的，那就是因為他的心念有問題。他可能是由瞋心、貪心或慢心引起而做的。

有些人做一點好事，就要讓全世界都知道，他背後肯定是有目的，他可能要利用這件好事來達到自己的目標，例如他捐了一塊地，要建一所大學。他捐地建學校的目的，是因為他的地本來不是很值錢，現在捐地建校後，剩下的地便可用來建房子，房子也可高價出售。誠然，他做好事只是表面上，跟內心是不相通的。再說，我們往往只看到外在，自己也忽略了要細心觀察起心動念，是否與善心所法相應，或出自於清淨的心念。

我們往內心審察及修持，這就是修止的工夫。修止，能幫我們更細地覺察內心。只要把心收攝在一境，就能深入自心。當你起心動念時，如果正處於很深的一心的狀態，即使很微細的念，都可以看到。如果摻雜了一些煩惱，就用智慧的力量把它清除。如果不能修止，就無法看到自己的行為夾雜著煩惱，更無法進一步斷除。

我們在行善時，要看到內心的善是否與清淨心和慈悲心相應。如果是由煩惱心帶動的話，雖然善事確實可以幫助別人，但是由於它是以煩惱的心所法去做，所以會帶來煩惱，影響到受益的人和你自己。

修習定慧淨化內心

修止觀或修定慧，是幫助我們更清楚地看到內心的問題。如果你看到問題後，懂得用智慧做處理，就不會產生後遺症或副作用，因為你所做的善事是清淨的。不過，你千萬不要因此而想，我連做好事的心都還有煩惱，那我就不要做好事囉！這樣的話，就會更慘了。

我們還是要做善事，只是在做的時候，如果發現起煩惱了，就想方法化解。比如你發現自己捐錢是為了想出一點風頭，動機不是很單純，就應該反省自己，要把心淨化，不能為了面子來行善，應當只是單純地幫助別人。或是你被別人當眾指責，讓你起了慢心，覺得對方真不給你面子。你要想想對方是在幫助你，要感恩他，給你反省和提昇自己的機會。

這樣一來，當煩惱一動念的時候，你就省察到了。雖然無法完全處理，至少能減輕，不要動不動就生氣。能夠如此，總有一天你會很自然地覺得幫忙別人本來就是應該的事，因為自己有能力，就應該去幫助別人。行善，本來就是社會上一種互動的需要，你把多出來的能力幫助比較不足的一群，社會就能比較平衡、平等及平和。

關於行善，如果我們做得到，就做一些；做不到，也不要太勉強。這樣，我們就能用一種比較善良的心理來做善事，也能省察到內心的問題。如果你無法省察，內心的煩惱還是衝動的，煩惱還在那邊輪迴，就要做深度行善，不要做得太淺、太表面，要做到深入內心。能夠這樣，你所造的善業、善法，才會減少很多後遺症和副作用。

純粹的善法，一定不會有副作用和後遺症。然而在行善的過程中，往往有很多互動的因緣，可能不單純、有煩惱而後延伸出一些問題，比如一個很富有的人，他布施時請了很多人來幫忙，可是在過程中，這些人卻加入了自己的煩惱，因他們沒有這位善翁的修養，這就會引起一些後遺症和副作用。再者，那些受益人，有時候也不單純，不只我們布施者可能有這個念，受益人也可能會有煩惱的念。

所以，當整個互動的過程結合了各種因緣，它就會有煩惱。雖然你是好心行善，但因為其他因緣的存在，導致有時候好心做壞事。不過，最主要的是自己的心和能力，這個是我們能自主掌握的，所以要先把它做好。如果每一個人都能盡本分，那麼互動的因緣就會比較清淨。比如說，大家來到佛教會，大多數人都以比較清淨的心，以善心所法來行善。在互動的過程中，惡的煩惱就會減輕。

如果我們在行善時，發現組員有問題，可能他們沒有修行或修養，他們只是想藉此機會得到好處，所以很多事做完後，就變成惡的因緣，或是顯現一些惡法出來，這是我們沒有辦法自主掌握的。我們能做的，就是先把本分做好，以持戒、修定、修慧來幫助自己，這樣就能把事做得更清淨、更圓滿。我們透過修定和修慧，可以看清楚自己的內心，原來有這麼多組合的功能，可以分辨這些作用，哪一些是惡的，哪一些是善的。

因此，我們要用功，不能只在外表做一些好事表現給別人看。基於這一點，你能發揮以後，就會發覺和別人互動的時候，心比較能自主，也比較有力量，能把真正的善法發揮出來。如果互動的因緣裡有不善之處，我們就盡量去改進，因為有很多因緣是我們無法把握的，唯有把自己本身的因緣掌握得很好，才能真正的自主，這個就是我們修定、修慧的成果。所以，我們就用此方法來達到這個效果。

生活調和

你們這幾天飯吃得好嗎？晚上睡得好嗎？如果狀況都好，那是一件好事。可能有些同學無論白天或晚上都很好睡，而且總覺得睡不夠，還想多睡，這就表示平時生活是睡不夠的。

有些人因為工作忙碌需要熬夜，或是沒有足夠的休息時間，所以會睡不夠。有些人的睡眠時間很長，但是比較淺眠，很容易驚醒，半夜被吵醒，就再也睡不著了。有些人因為生活緊張，所以晚上就睡不好。

在日常生活裡，人與人之間的關係是互動的，所以一定會受到別人的影響。但是來到禪堂後，你可以全部都放下，因為一切的工作都有人負責了。早上叫醒你後，從做早課、打坐到早餐等，全都幫你安排好了，讓你可以很放心地用功念佛、打坐，午餐過後，再準備進佛堂用功；晚課後，打坐、聽課、跑香。晚上跑跑香、做做運動，可以較好入睡。

這種簡單規律的生活作息，讓你不需跟任何人為了一些芝麻綠豆小事而爭吵。因此，你的身心可以很放鬆，不會因為緥緊而影響睡眠品質。有些同學平時吃飯、睡覺時間都不準時，但現在一切事情都已經安排好了。除了打坐會腿痛而比較辛苦以外，其他都很簡單，所以你可以很放鬆地把一天的生活作息做好。

調和睡眠，抒放疲累

如果平常都睡不好，會累積很多的疲累感，倘若沒有抒放它，對我們的精神及身體都不好。當承受不了，精神一旦透支，就會出問題。如果長期累積那些疲勞，造成精神狀態不佳，身體就很容易緊緥，包括全身的肌肉、器官和循環系統，而直接影響身體健康。因此，調和睡眠是很重要的。

無論到哪裡都能睡得好，其實是一種福報，是很幸福的。睡不好的人，生活上真的很苦惱，因為必須不斷透支自己的精神和體力，整個人的身心很緊緥，情緒也就容易爆發。面對長期累積的疲累感，最好的抒發方法就是睡覺。所以有些人，一申請到假期，就一直睡覺。這是件好事，可以有機會抒放所累積的疲累感。休息的時間不休息，遲早會出問題，這是我們應該注意的。

一般人以為養生就是盡量多吃補品，其實養足精神和休養生息更加重要，身體才能保持健康。當我們抒放了能量後，也必須再儲蓄。所以，有些運動是為了儲蓄能量，但有些運動則是消耗能量的。白天的時候消耗了能量，晚上就要回收、儲蓄能量，這樣子，我們的身體才會健康。

很多人原本是來禪堂用功修行的，結果來了卻都在抒放疲累和睡覺，真正剩下來可以用功的時間實在太少。因此，如果自己在過程中已經休息夠了，能夠放鬆，就要帶著放鬆的身體回去，然後在日常生活中，繼續地去調和，每天一定要有足夠的休息時間。

很多人擔心請假禪修，工作會做不完。實際上，即使你不在了，那些還未處理完的事，會有很多人幫你做好的。做事要懂得緣起的道理，所謂的緣起，就是互動的一個過程，是不斷在運作的一種循環。因此，有些事不一定要做完為止，甚至包括我們的力氣，最好都不要用盡，否則就沒有回頭的機會了。在因緣和合情況下，就盡量把該做的事情做好，其餘剩下的，就是調養好自己的身體。

很多時候不是事情做不完，而是生活上的習慣造成效率不佳。所以，我們要懂得調身。如果你能把放鬆的工夫帶回去，從此每天就都能很好地休息。白天有時候很疲累了，眼皮都快要閉起來了，可以找個空檔的時間，好好地放鬆自己。如果硬撐的話，只會透支精力，讓自己綳緊，反而睡得不好。要能適度休息，身體才會含藏、儲蓄能量。你會發覺好好休息過後，精力很快就恢復，身心也容易放鬆，晚上也睡得比較好。如果在每天早上該醒來的時間，你都能睡到自然醒，這就表示你的生理時鐘已經調得很順暢，也能適應你的生活作息。如此一來，身體就很容易調和及放鬆。如果平時就有如此規律的作息，一來到道場，很快就能適應環境，可以直接專心打坐用功了，進入更深的調心工夫裡。

對治生理和心理的昏沉

調身和調心的問題，主要是昏沉。昏沉可以分為生理上和心理上的。生理上昏沉時，會影響心理也隨之昏昧。昏昧是不清醒、不清楚的狀態，屬於癡的煩惱。處在這個狀態時，不一定是惡念或善念，而且不管善念或惡念，作用都不大，只是心對很多事無法分析和分辨，也提不起正念，沒有覺照的心。這時候是無法用功的，所以我們要克服它。這是在用功時，所需要面對的一種心理狀態。

當發現妄念很多，我們可以念佛把心收攝回來，至少當下的心是清醒的，可以察覺到很多的妄念。但是，如果進入昏昧的狀態，就很難提起佛號，很快就被癡心的作用所覆蓋了。雖然你不一定會造惡業，但是善法不容易生起，用功調心的工夫和正念也無法提起來。

提不起正念時，很多人為了快點提振精神，會多念佛或起身拜佛，洗個臉或在外面稍微運動一下，或想辦法轉移注意力。即使如此，其實很多時候都是勉強硬撐的。為了提醒大眾用功，我們就必須使用香板，把那些睡覺的人全部打起來。沒有睡覺的也打，因為要嚇醒睡覺的人。

有時候我們打香板，會發現被打的人沒事，反而沒被打的人好像從睡夢中驚醒過來。但沒兩下子，又再睡著了，我們拿他們也沒辦法。我們愈打，他們愈是緊張、緊繃，反而就睡得愈深愈沉。緊繃的時候，呼吸是很粗的，因為身體在消耗能量。只有放鬆的時候，才能把能量再收回來。

身體消耗能量時，需要燃燒氧氣。燃燒的量很大的話，就會感覺平時的呼吸不夠用，所以我們在做運動、消耗的時候，會發覺需要很強大的呼吸。在呼吸很粗的狀態下，是不能用功的，因此用數息，也就是數呼吸的方式來收攝。息是很細的，你可以感覺到它是輕微地進進出出。呼吸有四種狀態：風、喘、氣、息，只有在「息」的狀態可以用功，它是我們的身體在調和、放鬆了以後，自然的呼吸。凡是風、喘或氣的呼吸，都不能用功。

如果你真的很需要休息，那麼就好好地休息，包括打坐的時候，發現自己一放鬆，疲累和繃緊的狀態需要抒放，那麼你就需要儲蓄能量，好好地休息。身體有疲累的狀態，就要好好地養息。不過，不能讓疲累的狀態持續太久，以免妨礙用功修行。

如果你來道場修行，白天睡，晚上不睡，睡眠顛倒，那是惡性循環。如果你發覺來時雖然白天也在睡，那是因為需要休息、抒放，但是晚上能睡得很好。睡了幾天後，精神就恢復了，能夠用功，那就表示你開始在調整你的惡性循環，轉為良性的循環。

在用功的過程中，如果有類似的情況出現，你就要把放鬆的工夫帶回去，應該休息的時間好好地休息。平時的生活盡量放鬆自己的心情，應該做的事把它做好，不要急著趕進度，要隨自己的能力用心把事做好。

調和飲食，放鬆身心

在飲食方面，我們必須掌握吃飽與吃好的正確觀念。吃飽未必代表吃好，吃好是指在吃的過程中，享受食物的美味，吃得很開心。有些人因為生活很緊張，吃飯吃得食不知味，無法開心吃飯。做事也是一樣，比如讀書、做功課等，做完了不代表做得好。有些同學雖然每天早上都做早課，但是過程卻是匆匆忙忙，趕時間似地結束。因此，做完了不代表就是做好。做好的先決條件，必須是很用心的。正如睡夠了、睡飽了、睡好了，其實都有差異。吃好比起吃飽更重要。同樣地，睡好比起睡飽也更重要。

如果睡得好，起床時間一到，你就會自然地醒過來，而且精神很好。這是因為在睡的過程中，有放鬆、有睡好。我們平時在日常生活中，想要用心地把事做好，必須處在放鬆的狀態。所以，修行要能調和與放鬆，無論是身心或生活的調和，都非常重要。

我們可以藉由吃飯、睡覺的方法，來幫助自己調和及放鬆身心。在禪坐中，需要先調和飲食和睡眠，因為它們是我們一天中最重要的兩件大事。這兩件大事做好了，其他的事就都容易了。所以，不要忙到緊張而吃不好，或是睡不好，讓整個身心都不調和。只有調和飲食和睡眠後，才能調身、調息、調心。很多人追求養生健康，但如果花太多的心思在飲食上，也不一定就能保證健康，不如調和飲食、簡化飲食，因為最重要的是在吃的過程中，一定要放鬆心情、放鬆身體，把應該吃飯的時間騰出來給自己，好好地享受吃飯的過程。有些人把時間排得太過緊密，吃飯時不是吃得很緊張，就是草草了事。

此外，飲食要盡量做到定時定量。禪修的時候，飲食和睡眠比較容易調和，就是因為定時定量。大家要把吃飯的時間、吃飯的分量都事先安排好。休息的時間也是一樣，應該休息的時間就好好地休息。當量足夠了，我們再來提昇品質。在放鬆的狀態下，定時定量地飲食、休息，我們的身心就能調和。

如果平時生活的這些工夫調和好了，一來到禪堂就很容易進入狀態。不會為飲食、睡眠所干擾，而導致昏沉。這樣就有足夠的時間和心力提起及保持正念，接著再依正念來用功，能更深入修止修觀。

能調和定時定量的飲食和睡眠，實際上，就表示已經在用功修行，放鬆自己的身心了。這兩個生活中很重要的部分都調和了，即是身心皆處在某種調和的狀態，這時我們再來調身、調息、調心，而調心的工夫也將更容易進入狀況了。

有些人來用功修行的時候，以為吃飯、睡覺不重要，一直拚命地在拜佛、念佛，覺得修行比較重要，其實這是錯誤的觀念。我們的生活，包括吃飯和睡覺都是整體的，不能分割。吃飯和睡覺也是修行，也需調和及放鬆。把這兩方面都安排在修行的工夫內，日常生活中才能完整地去用功。

不然，有些人誤以為吃飯是造業，睡覺是懈怠，一味地拚命用功，休息不夠、營養不夠，導致整個身體過度繃緊，透支到最後，身心無法支撐，最終就崩潰了！

實際上，有些人之所以修行修到出問題，是因為不了解修行跟生活是一個整體的過程，必須結合為一。如果我們能完整地看待飲食和睡眠，就都能調理得很好。身心也是如此，要互相結合，那麼我們整體的用功，就能在很好的狀態中發揮作用。

因此，大家要好好地吃、好好地睡，放鬆身心，需要紓解疲累的時候，就好好地休息。之後，也要記得把調和放鬆的工夫帶回去。如此一來，我們修行與調和的工夫，就能很好地、慢慢地提上去了。

每天定時定量用功

有些人說他很忙，沒有時間打坐，但你會發現，無論再忙，你都會想辦法吃飯和睡覺。當你認為這是一件非常重要的事情時，就會安排時間或想辦法完成。因此，你沒有念佛、打坐或修行，真正的原因並不是因為很忙，而是在心理上，根本不認為它很重要，所以還會花很多時間在一些瑣事上，譬如逛街、看電視、看戲。忙只不過是一個藉口，主要是心態、信心的問題。

當你對佛法、三寶、修行的信心比較堅定了，就自然會把和佛法修行有關的事，安排進你的生活裡，每天定時定量完成。甚至不只是定時定量，你還會多抽出時間把它做好。如果你學佛的信心還未堅定，可以每天特地安排某段時間，以定時定量的方式去完成日課。我常常提醒大家，修行不能與我們的日常生活分成兩截。很多人會覺得在修行上常常使不上力，總是提不起力量來，這是因為在修行課程中，我們認為這一段時間是屬於修行的，要好好修行，所以可以放下生活中的種種瑣碎外緣，全心投入修行。但回到日常生活後，就會覺得這不是修行生活，而又回到慣性的一般生活。因此，把生活分成極端的兩截，修行時修行，不修行時，卻過著造業的生活。結果，我們每天的生活都在造惡業。

假如你每年只安排在某一段時間參加課程共修，可是不上課的漫長時間都在造業，試問你要如何提昇自己？修行時間很少，造業時間卻很多，只靠短暫的修行如何改進自己呢？

很多同學一年參加一次禪淨共修，為期一星期，這等於有五十一個星期，你都不在修行。即使你每個月參加一次佛七、靜七或禪淨共修，都是一個星期在用功，那一年有十二個星期你在修行，其餘四十個星期沒有修行，都在造惡業。即使你半年時間都用於修行，但剩下的半年還是在造業。因此，修行和生活是分離的這種錯誤觀念，一定要調整過來，不要把日常生活看成不屬於修行的生活，不要以為只有在寺院道場用功的那一段時間，才是修行的時間。其實，那一段時間，對我們的整體生活而言，只占了一小部分而已。

密集用功是加行精進

我們來道場用功，是一種密集修行，也稱為加行精進，加行的意思就是我們平時已經精進了，參加課程只是為了再增加一些精進的功課。我們常說明天會更好，可是你連今天都不能好好用功了，明天怎麼會更好呢？所以，你一定先要具有好的基礎，明天才會更好。如果你平時在家不精進，那麼來道場如何加行精進呢？那就變成只是來度假而已。當然，你們用功的時候，不妨用度假的心情來修行，這樣會比較放鬆。

我們參加密集課程加行精進，是為了讓我們的日常生活與修行生活結合，以凝聚更大的力量，讓我們回到日常生活中時，修行的力量可以持續。

定時定量做功課是很重要的事，要讓它持續下去，就好像你們學瑜伽或太極拳之類的，會發現如果幾天沒運動，再練習的時候，腳筋好像變得比較緊，背也比較硬了。我們的身心也是一樣，每天一定要有固定的時間練習功課，它才能持續不懈，否則鬆懈之後，你過幾天再繼續，就會比較生疏了。

打坐也是一樣，如果我們偷懶幾天不打坐，一盤起腿，很快就腰痠背痛了。如果能夠天天坐，一有時間就練習盤腿，當我們的腿熟悉禪坐的姿勢後，你就比較耐坐了。

如何安排每日做功課呢？有兩種方法，第一種是安排自己固定做功課的時間。你要審察自己，看一天裡哪一段時間最不受干擾、最能專心用功。第二種是找一段後備時間多做練習。如果有事就先去忙，沒事就可以多加用功。類似的時間必須自己預先安排，大多都是凌晨或早上，比較不會受到影響。晚上也可以做功課，但不要太遲睡覺。

有些人的生活習慣，只有晚上的時間屬於自己，這就看你自己哪一段時間比較適合。或許有人下午最空閒，就利用它來做功課。剛開始用功，不一定要用很長的時間，別因為要定時定量，就安排兩個小時來打坐、拜佛、念佛等。太過辛苦，反而讓人容易放棄。我們可以從十五分鐘、二十分鐘開始打坐，這樣比較容易辦到。每天只要提早二十分鐘起床來打坐、念佛或拜佛，便把功課完成了。平時也是一樣，哪一段時間有空，你就念佛或打坐二十分鐘。一般人的打坐功力大概是二十分鐘，過後腿就會痛。在腿還未痛時，你就舒服地坐；當腿開始痛了，你就出靜，不要強求。出靜以後，做一些運動或起身拜佛；如果想要繼續，你就再坐十或十五分鐘，以這樣的方式開始用功。只要每回打坐的時間不太長，一天還可做好幾回。反之，如果你一開始就安排一、兩小時，那就不容易做到了，畢竟原有的生活習慣很難一下子改變。

當你的工夫還不穩的時候，打坐稍久一點便會起煩躁心，身體開始不舒服，這時就出靜。如果你設定的時間不長，反而會很用心地坐好。當坐到很穩的時候，念佛念到有一點點受用，卻快往下走時，你就出靜，因為這樣你就可以每次都品到高峰，舒服一陣子，在狀況要往下跌的時候就出靜。

共修時大家一起用功，你得堅持下去；但平日自己打坐就沒關係，先求坐出那個味道。每次打坐，坐到有一點味道了，心會開始煩，身體也會有一點不舒服。出靜的時候，心不要浮躁，只需要很安定地、慢慢地按摩身體，待全身出靜，然後起來拜佛，三拜、九拜，很用心地拜完就好。如果能夠這樣的話，每次雖是一小段時間，但只要照著方法用功，就會做得很好、很舒服。你會感到歡喜，因為你真的把身心調和了。

你就從十五、二十分鐘開始練習起，直到有一天，你會發現竟然能坐半小時，再過幾天可能又加長至四十分鐘，甚至一小時。這表示你在過程中，已坐到安定的狀態，所以每次打坐就可以坐得很舒服，身心很安定。一旦有浮躁或不舒服的現象，你就出靜。

剛開始練習打坐時，不要去想說自己只坐十或十五分鐘，最重要是那段時間到了，你就去打坐用功，養成習慣。由於時間不長，你隨時都可以抽一小段時間來用功。每天清晨、上午、下午或晚上，如有空檔就坐一下。有些時間是固定的，有些是運用空檔時間的，如此一來，我們就可以把功課與生活結合在一起。

將知識轉化為知見

用功修行，除了要有固定的時間打坐、念佛，還要養成閱讀的習慣。在佛法的修學裡，我們必須以實際的運作來完成實修，要讓實修與善法、正念相應，就要透過聽聞佛法。我們看佛書、念經，從經文裡認識佛法，皆出自於佛陀、法師及論師所說。

通過他們的智慧與經驗，我們得以了解佛法的內容，並明白必須在日常生活中應用佛法。在應用的過程中，佛法讓我們的心和行為慢慢合而為一，不再身心分離。經過一段時間後，你會發現自己能清楚知道應該怎麼做，這表示在你的心裡，已經把佛法吸收及消化了，它已轉化為你的一種思想、觀念，或稱為知見。

從知識轉化為知見，這時不需別人催你，你也會去做了。譬如你們學會打坐，回家後每天都要安排時間打坐，那是因為師父交代。然而，當你坐出味道的時候，已不是師父交代，而是你自己要坐，那時就不同了！因為每次在坐的時候，都有一種喜悅。早上打坐後，你會發現跟人相處時特別愉快。不管別人以什麼樣的情緒對待你，都不受干擾。不僅如此，還能以歡喜心來轉化他人的煩惱。當你已經把打坐放在很重要的位置，就不再需要別人的規定，每天都會自己用功。這時候，工夫已是你自己的了。

佛法的學習，就是從佛陀、歷代祖師、師父而認識佛法。你漸漸地就會發現，你的所做所學，與佛陀的教育相應。一開始是由他們告訴我們，但當我們從心裡逐步地明白之後，它就成為我們的觀念、思想及知見，這個工夫就會一直醞釀，愈來愈深，直到最後完全和經典相應。

佛法與生命的融合

剛開始學佛，我們需要用「心」來提醒自己，可是到了最終，即使沒有提醒，我們也自然會做，這就是智慧的展現。此時，我們就能看到事物的緣生緣滅，想法就會與此觀念相應，因為佛法已經跟我們的生命融合為一體。佛法就是我們的生命，我們的生命就是佛法。這就是通過聽聞的方式，不斷實踐、不斷吸收而學習到佛法的內容，然後應用到我們的生活，成為我們的經驗及行為。

從開始的自我提醒，到最後的完全融入，需要通過禪定的工夫。如果不通過禪定，工夫就不夠深入。其實，我們平時做的很多東西都是比較外層、形式、表相的。你們每天起來做早課，至少可以讓別人知道你是佛教徒。你念佛的時候，周圍的人都知道你在念佛。但那只是外在、形式上的，它似乎已經被定型了。因此，用功已變成一種習慣模式，不是真正發自內心。我們在做功課的時候，不該是因為大家認定我們一定要這樣做，而是出於自己認定應該如此做，所以才會去做。

剛開始學佛，我們可能會從外在的形式上去接觸佛法。如有因緣一接觸到佛法，或一聽到佛號就想學佛，這是我們的福報。既然如此，我們就要善用這份福報，從比較外在的形式慢慢滲入內在，讓內心真正生起信念及力量，然後認真地來用功修行。當這種力量愈來愈強時，你的日常生活與修行生活，就不再是兩回事了。你會經常保持正念、善念，所以造的就是善業、清淨的業。

如果讓煩惱占據我們的心，妄念比較多，就會造比較多惡業和煩惱業。如果我們用功修行時，讓善念、正念、清淨的念生起，我們所造作的業自然就是善的、清淨的，這就是所謂的修行了。

我們是以實際用功的方法來加強善念、清淨的念，使它不斷地生起。我們打坐、念佛、聽聞佛法、閱讀佛經等，都要通過思惟來消化所學。打坐的時候，如果有些佛法的義理，或是我們所念誦的經典，如《心經》、《阿彌陀經》，在我們心中生起，就要去觀察、思惟它。在思惟的過程中，慢慢地吸收、消化它。這樣一來，我們止靜以後，心和思維會更細、更深、更安定與更平穩。這整個過程，會不斷地淨化我們的身心。

如果我們平時的日常生活也在精進用功，那麼參加密集課程，就屬於加行精進了。一旦兩者結合起來，每次來參加課程的時候，就會很容易把工夫派上用場。工夫愈好，回到家裡，所散發的慈悲、善意、情境，就更有力量了。通過這樣的方式，會形成了一個良性、清淨的循環，那我們的用功就會愈加精進了！

依歸三寶

在現代社會裡，並非只有佛教在談修行，其他的宗教也都重視修行。但是，佛教的修行方法，內容一定離不開佛法，所有法門都是以佛法為修行的宗旨。

修行法門以佛法為宗旨

很多佛教宗派的修行方法和理論，都有共通的部分，甚至其他宗教也會使用。由於所依據的理論不同，在用方法的過程中，所朝的方向或目標也就不一定相同。

Yoga 是瑜伽運動，在印度是很重要的修行方法，五千年以來，在印度很受重視。瑜伽原本不只是一種運動，而是具有很多種層次，甚至形成了很完整的教派，比如佛教有瑜伽行派，或稱為唯識學派。唯識學最重要的一部根本論典《瑜伽師地論》，也跟瑜伽有關。

實際上，瑜伽是印度人的一種修行方法，意思是「相應」、「天人合一」或「梵我合一」，這是印度教派的觀念，在佛教裡的合一則是統一。修行之後，你所修的法門和你所要朝向的目標是相應的。其實在印度，幾乎大部分教派都用瑜伽的方法。但是佛教在用瑜伽行的時候，是使用佛法，而不是印度教瑜伽派的理論，例如《百法明門論》便是。

《百法明門論》的第一句話：「如世尊言：『一切法無我。』」正如佛陀所說的「一切法無我」，這是佛教的宗旨和中心思想。一切法是因緣生、因緣滅，所以無常、無我，整個瑜伽行派就是根據此觀念來修行。但是印度教的瑜伽派，是要修到跟梵我合一，也就是小我和梵我合一，這與佛教的觀念就不一樣了。修行的效果、證得目的，都是依據教理所得到的。這些印度教的教派本來就有哲學、有方法，但是這些方法則有層次上的不同。

我們如果只把瑜伽當作一種運動，就表示我們貶低了它，或淺化了它的層次。瑜伽從印度流傳到世界各地後，大部分人都只就注重它的體位法，也就是它的運動。瑜伽的運動有各種各樣的式，比如眼鏡蛇式、貓式、拜日式等，在印度瑜伽派裡，它們都屬於初淺的運動，只是用來調身的。

雖然運動對身體有幫助，但是如果只將瑜伽運動用於美容、保健，以此來保持青春美麗，其實是把方法淺化了。如果是深化的方法，在做運動前要先做一些準備，比如沐浴。尤其有些瑜伽師住在水邊，他們就會到河邊去洗澡，然後才做運動。運動之後就休息，更重要的是打坐。瑜伽運動是為了調身，讓身體放鬆、調和了，然後就打坐。

瑜伽師一打坐就是好幾個小時，甚至從下午坐到晚上。打坐的時候會做觀想或冥想。如果是印度教，一般會觀想小我跟梵我合一的意境。除此之外，他們也注意飲食，而且一定是素食，有時候比佛教徒的素食要求更加嚴格，而且也吃得比較清淡，包括不吃榴槤。他們認為吃了榴槤後，會發熱氣，很愛睡覺。他們每個月一定有幾天採取斷食，就是為了把身體全面調到最佳狀況。

瑜伽是一套完整的修行，佛教也使用它，不過觀念不同。破我執是佛法的特質，佛教修行是要證到無我的，而印度瑜伽師則是要證到梵我合一，所以他們證到的是大我——梵我。

實際上，瑜伽不僅包含靜坐與瑜伽的法門，還包括了現在盛行的密宗修法，比如持咒及觀想。實際上，瑜伽在印度早已流傳了好幾千年，所以印度人認為密宗是屬於他們的。佛教在很多方面也引用瑜伽，但用的是佛法觀念，所以要朝向的目標也就不同了。

我們現在用的方法是數呼吸和念佛，念佛屬於佛法，因為是念佛號，但數呼吸的方法則非佛教專有。我們持咒，印度其他宗教也持咒，只是所用的咒語不同。我們用觀想，印度其他宗教也會觀想，但是觀想的對象不同。我們修行是為了證得無我，而印度其他宗教瑜伽師則是為了要梵我合一。觀念上有不同，所朝的方向就不同，證到的意境就不一樣，得到的效果和利益也會有差別。

對宗教的信心要堅定

因此，不要看到其他宗教使用和我們相同的方法，就因為一點外來的因素，而對修行喪失信心，這表示你的信心很薄弱。如果對宗教的信心很堅定，你也可以學瑜伽來健身，甚至用瑜伽的方法來打坐。由於禪修的方法在西方非常流行，如果有法師要到美國、歐洲去弘法，通常都需要懂得打坐，這樣弘法就會比較受歡迎。不只信眾會來學禪，有一些非佛教徒也會來學，甚至有天主教的神父和修女來學禪修，只是他們學了是為了上帝合一，而我們念佛則是要見佛。禪修入定的時候，假如我們持名或觀像念佛可以見佛，他們觀想上帝或稱念上帝的話，當然也可以見到上帝啊！這些都是唯心所造，他們的心與上帝相應，自然就會現出意境來。

方法本身不是問題，如果會擔心，就表示其實是信心不夠堅定。最主要的是，我們用方法時一定要回到佛法的根本。在整個修學裡，佛教講八正道，最重要的就是正見。正思惟、正語、正業、正命、正精進、正念、正定，都是因為正見才得建立的。有了正見以後，一切所建立起來的修行系統，就能和佛法相應。我們依正見而確定了修行目標和方向，即是正思惟。

佛法的正見，就是講緣起——諸法因緣生，諸法因緣滅。一切顯現出來的法，都是因和緣所生起。由於因緣和合而生，所以世間沒有任何東西可以永恆不變，一定都在不斷地改變，所以是無常的。

由於一切都是因緣和合，所以不會有一個永恆不變的主體，沒有單一個體的存在，是由很多因緣所組合而成，所以稱為無我。如果想要更深入去體解，一定要通過禪定的工夫，因為通過正念、正定，才能進入內心深處做觀察，最後悟到無常、無我的法則。

悟到無常、無我法則的時候，可以證到涅槃的境界，也就能寂滅所有的煩惱，因為所有的煩惱也是因緣生、因緣滅。因緣生的時候，我們受它所困擾；因緣滅的時候，雖然看起來沒有，但是如果生的因緣還在的話，相同的果又會再度生成，所以就形成了輪迴的作用。如果我們能明白因緣生、因緣滅是無常、無我的，煩惱也是無常、無我、空的，當煩惱生起時，就不會受到干擾了。更深一層來說，我們會看到它是不生不滅的，於是能不受煩惱影響。從煩惱中解脫，就是智慧。有了智慧，就能在任何一件事發生的當下，見到無常、無我、空性。

雖然事依然是因緣生、因緣滅，但是你的心卻是不生不滅的，所以不會被它干擾或影響。我們就隨著因緣處理事，但是心不隨之起起伏伏、生生滅滅，在整個過程中，就不會受到煩惱的干擾，而得到解脫。在知見上，如果確定自己是根據緣起的道理，依無常、無我的法則來修行，就能在不斷修行的過程中，覺悟到因緣生、因緣滅的道理而開悟。

我們所學的佛法，是整個修行的根據、根本。依這個根本，就會很清楚目標與方向。建立了正確的知見後，生活中的語言（正語）、行為（正業），包括起心動念和生活方式，都能朝這個方向去修，即是正精進。正命是指維持生活的方式，也就是要有正當的職業。

有正見了以後，就有了正思惟、正語、正業、正命。更深一層的話，則要正念，就是進入我們的內心。我們依這個方法來修定，最後就得到正定。得到正定的時候，我們所體會到的就是正見，這是我們所依的法則。正見是從佛、祖師大德、經典，以及現在的一些老師所學到，最後才慢慢地把正思惟、正語、正業、正命、正念、正定引用到生活中去，由此正精進地勇往修行目標而去。從別人及外在的學習，進入到我們的內心，最後把它轉化為我們的知見。覺悟了以後，就轉化為智慧。所以，它就變成是修行的過程了。

我們是以法為師而修行，這一點很重要。法師所講的法，是從經典、論典，以及其他法師所習得。經典是佛所說的法，所以佛是說法的根本。

佛因著修行，而覺悟了緣起法，他所說的法就稱為佛法。佛是覺悟的意思，他把所覺悟的法告訴我們，我們就依法來學習。法是從佛陀的時代，兩千五百年前傳承下來。佛陀說法直到八十歲的時候入滅，雖然他的色身入滅了，但是他的法身，也就是他所說的法，持續流傳了下來。

有一群有志於專心、專精修學佛法的弟子們隨佛出家，組織成出家的僧團。佛陀把法傳授給他們，僧團就根據佛陀的教學而修行，很多弟子都證到果位，或修菩薩道，然後用僧團的力量把法一代一代地傳承下來。

僧團是佛陀的法身慧命所依，因為法要流傳下來，僧團就是重要的一個媒介。除了僧團，也可以透過文字或聲音把法傳下來。但在佛陀的時代，是無法做到的。即使當時能錄音，現在的我們也聽不懂，因為佛陀講的是印度話。所以，傳到中國的時候，需要把佛典翻譯成中文；傳到西藏就翻譯成藏文；在西方就翻譯成英文、德文、法文或其他當地的文字。把這些佛典的語言、文字，翻譯成大眾能聽得懂的語文，以便學習。

皈依三寶是奠基也是目標

學習佛法的時候，皈依三寶是一個整體。佛所說的法，就是我們要學的內容，是三寶的中心。法是佛說的，而僧寶則將它傳承下來。所以三寶要是缺少任何一個，就不完整，無法成立了。沒有佛說法的話，我們就聽聞不到法。沒有僧團把法流傳下來，久了就會失傳。

因此，佛教所講的三寶，就是一個整體，要以法為中心。皈依就是皈依三寶，讓我們修行的時候有所依靠。所以，皈依是一種依歸，依法和佛陀、僧眾而修。皈依三寶時，一方面是依三寶而修；另一方面則是接受三寶的祝福及加被來用功修行。

當我們一起用功共修，心力會不斷地加強，遇到心力比較弱的時候，可以念佛。我們歸向三寶時，會生起一種力量，讓信心更加堅定，而能繼續地修行。在佛法修行中，你會發現教學裡所應用的方法，有些與其他教派相同，比如禪修。但是與其他教派相同的修行方法，其實有著不同的方向與目標，所以我們要依正見來修行。

因此，學佛修行要皈依三寶，依三寶而修。當我們依佛法而修，最後證到的就是佛法，在修行路上，法是貫徹始終的。如此一來，我們皈依三寶，修行的方向就很明確了，如果不皈依的話，就會不明確，因為有些方法與其他宗教相同，可能就會在觀念上或思想上模棱兩可，導致連自己修到哪裡都不清楚。

例如有些西方人學禪修，不皈依三寶，也不學習佛法，也不學其他教派，反正他只是要學方法，所以修行的方向和目標是不明確的。如此一來，因為沒有信心，心就很容易動搖。我們皈依三寶，依法而修，在學習過程中，信心才會愈來愈紮實。

皈依三寶是整個修行的基礎，實際上，也是最終要完成的目標——證到佛性。我們修行時，是要證到無我，所證到的都是三寶的內容及內涵，所以這不僅是起點，也是終點。因此，我們的信心會很紮實，方向和目標也很明確。

很多人因為沒有信仰的依靠，所以在信心方面無法落實。而我們在學佛的過程中，如果慢慢地發現自己的確能從佛法中得到受用，也就是有所體驗，甚至有些感應，那時候我們的信心就會落實了。我們皈依三寶，主要是信心的落實。有些人是把「信」放在前面，先相信三寶、皈依三寶，才來了「解」，然後修「行」。而有些人則是先了「解」，然後真正從修「行」中獲得好處後，他就「信」了。每個人的情況，各有不同。

無論如何，不管是「信解行證」、「解信行證」或「解行信證」，「證」都是排在最後的。所以，一定要有「信」，缺乏「信」，就無法「證」。其實，它們只差別於「信」排在哪一個層次而已。

「信」是善心所法，是清淨心的信。所以，我們開始皈依三寶的時候，也要用清淨心來皈依，就是願意接受三寶做為我們生命或修行的一種指導與依歸，如此目標和方向就很明確。甚至開始「信」的時候，你可能還不太清楚佛法，但是在「解」和「行」的過程中，你就慢慢地明白了。我們的修行，能夠造作這樣的路程，讓我們不斷地朝向目標前進。

實踐三寶的教誨

皈依三寶以後，在實際生活中，我們要把自己做得更好，因為一般人的生活習慣，常是與習氣、欲望、煩惱或惡法相應。因此，我們必須學習受持戒律。實際上，受持戒律就是要止惡，以及保護我們不造惡業，所以戒律有著守護的作用。如果犯了五戒中的不殺生、不偷盜、不邪淫、不妄語，都是不善及犯錯的行為。

有些惡行雖然看起來很小，但是如果放任它，就會發展成很大的惡行，例如殺生和偷盜。那些夠膽犯下大罪，如殺人、放火、搶劫的人，如果去了解他們的成長過程，就發現他們在剛犯錯的時候，也都是從很小的行為開始，而慢慢地發展成一種習慣、習氣。

為了能更好地防止惡行，我們需要以戒律來保護身心。守戒了以後，當要犯戒時，警覺心就會生起。在受戒的過程中，產生一種作用或力量，稱為戒體。得到了戒體，就等於在心中形成防護作用，會適時點醒你，讓你生起警覺心，保護你不犯錯。

許多大惡行，都是從小惡行發展出來的。如果能將日常行為防護得很好，就不太可能犯下大錯，這是守戒的重要意義與好處。如果在日常生活中，我們能夠好好地防止惡行，保護自己不犯錯，修行禪定就容易得定。因為修習禪定時，之所以產生許多障礙，都與我們的行為有關。

打坐時會發現，平時喜歡胡思亂想、動惡念的人，一坐下去，妄念特別多。如果你的妄念很多，不妨檢視一下，這些一定都是你平時常生起的各種雜念。

依戒輔助定慧的修持

打坐的時候，犯錯的行為、造作的惡業都會浮現出來，會變成一種障礙，障住你修定，讓你不能深入。如果我們在日常生活中，能把自己的行為照顧和保護得很好，打坐時就不會產生這些障礙。沒有這些障礙，就容易進入比較深細的定。依正念在正定中起觀想，觀無常、無我，就能證到佛法解脫的智慧。

修習戒、定、慧，形成一個完整的循環。而這樣一個過程，能讓我們在修行上，把方法用得比較好。因此，修學佛法時，必須皈依、受戒，它會產生保護的作用，並含有根本的力量。所以，皈依三寶非常重要，是整個修行的基礎。

很多時候，我們修行用不上力，是因為基礎不好，皈依三寶的信心不夠清淨、不夠堅定，平時的生活，也沒有守護得很好。我們不但常造一些惡業，也常妄動很多的雜念，把自己弄到心煩意亂，所以打坐不容易深入。要是打坐的基礎做得很好，會發現這些都不是問題。打坐時身心很放鬆、調和的人，打坐就很容易著力；而身心緊繃的人，因為平時都不調和生活、身心，所以一旦打坐，所有問題就都浮現出來，痠痛麻痺什麼狀況都有。由此可知，基礎的工夫很重要。

因此，在皈依三寶後，還要真正根據三寶的教學，好好用功修行，實踐三寶的教誨，然後守護好行為，照顧好心念，這樣修行就能紮下很好的基礎了。有了好的基礎，用功的時候，就會發覺沒有太多的障礙。那麼在用方法的時候，自然很容易就用上去了。

（二〇〇八年十一月十六日至二十三日講於太平佛教會第十一屆禪淨共修開示）

智慧人 52

念佛禪指要

Essential Guidance on Chan Practice in Buddha-name Recitation

著者	釋繼程
出版	法鼓文化
總監	釋果賢
總編輯	陳重光
編輯	張晴
封面設計	化外設計
內頁美編	小工
地址	臺北市北投區公館路186號5樓
電話	(02)2893-4646
傳真	(02)2896-0731
網址	http://www.ddc.com.tw
E-mail	market@ddc.com.tw
讀者服務專線	(02)2896-1600
初版一刷	2023年10月
建議售價	新臺幣300元
郵撥帳號	50013371
戶名	財團法人法鼓山文教基金會—法鼓文化
北美經銷處	紐約東初禪寺 Chan Meditation Center (New York, USA) Tel: (718)592-6593 E-mail: chancenter@gmail.com

法鼓文化

國家圖書館出版品預行編目資料

念佛禪指要 / 釋繼程著. -- 初版. -- 臺北市：
法鼓文化, 2023.10
面； 公分
ISBN 978-626-7345-04-7（平裝）

1. CST: 禪宗 2. CST: 淨土宗 3. CST: 佛教修持

226.65 112012218